古人原來這樣過日子 2

古人很潮——著

腦洞超開的40則中國歷史冷知識

從蹲坑必備品到防僞標識、
從社畜打卡到後宮大型遊戲……

學校沒敎的
古人日常大搜密

古代大型交流互動問答

Q：古人是如何計時的？

A：看古裝劇時，常常會聽到「一炷香」、「半個時辰」這種表達，那麼「一炷香」、「半個時辰」，放到現代到底是多長時間呢？

時辰是古代計時單位，古代人把一天劃分為十二個時辰，每個時辰相等於現在的兩小時。子時：23：00—00：59；丑時：1：00—2：59；寅時：3：00—4：59；卯時：5：00—6：59；辰時：7：00—8：59；巳時：9：00—10：59；午時：11：00—12：59；未時：13：00—14：59；申時：15：00—16：59；酉時：17：00—18：59；戌時：19：00—20：59；亥時：21：00—22：59。

而「一炷香」，大約相當於如今的半小時。

Q：古人上班要簽到嗎？如果遲到了會怎樣呢？

A：《國風．齊風．雞鳴》裡提到：「雞既鳴矣，朝既盈矣。」大意為：公雞叫了！天亮了！上班了！而自古以來就有「點卯」制度，時間相當於如今的凌晨五點到七點，看，多麼勤勞的古人啊。

如果遲到了會怎樣呢？《唐律疏議．職制五》記載，如果官員上班遲到了，缺勤一天處笞二十小板，每再滿三天加一等，滿二十五天處杖打一百大板，滿三十五天判處徒刑一年。上班有風險，出仕需謹慎啊！

不僅如此，到了唐肅宗時，曠工滿三十五天判處徒刑一年；唐玄宗時「文武官朝參，無故不到者，奪一季祿。」

相比於古人，我們還有什麼不滿足的呢？

Q：壓歲錢的來源是什麼？

A：相傳在古時候有一種小妖，名字叫「祟」，黑身白手，每年的年三十夜裡出來害人，它用手在熟睡的孩子頭上摸一下，孩子嚇得哭起來，然後就發燒，講囈語而從此得病，幾天後熱退病去，但聰明機靈的孩子卻變成了瘋瘋癲癲的傻子了。人們怕祟來害孩子，就點亮燈火團坐不睡，稱為「守祟」。

但其實小孩的是「壓祟錢」，老人的才是「壓歲錢」。老人的「壓歲錢」是指為了他們不再增長歲數，可以多活幾年。只不過隨著時間流逝，又因「祟」與「歲」諧音，最後統一稱為「壓歲錢」了

Q：古代上學堂的孩子有沒有長假呢？

A：寒暑假，是學生時期的天堂，那古代的小朋友們的寒暑假又是怎樣的呢？

古時候學堂裡的孩子們，除了端午、中秋這些普天同慶的節假日以外，還有三個特殊的假期。分別是「授衣假」、「田假」、「旬假」。

「旬假」是一種常假，規定每十天休息一天，但是有的時候住得遠的孩子們在古代那種交通情況下，可能還沒走出幾里地一天就沒了，哪裡還能回家……因此殘忍的規定了不許外地學生回家！哭！外地學生吃你家大米了哦，不讓寶寶回家！

「田假」，顧名思義，肯定和農活有關，所以也稱「農忙假」，它在每年的五月，為期一個月，而且這一個月是單純的假期，不包括回家的路程的。

「授衣假」呢，《詩·豳風·七月》裡有記載：「七月流火，九月授衣。」九月

的時候天氣轉涼了，常年在外學習的娃們要回家拾掇衣服了，要拿來學校過冬啦。這個相當於寒假了，為期也是一個月，當然也是不包括路程的。但是為了防止娃們在家懶著，如果到時候假期完了沒來學校的，直接開除！學籍！怎麼樣！多麼嚴格！

和我們不同的是，古代學生的假期中雖然沒有作業，但家裡的農活之類的肯定要幫忙，所以即便回家了，應該也是忙忙噠。

Q：古人怎麼過夏天？

A：「頒冰禮」，古代背景下獨有的一個儀式，「伏以頒冰之儀，朝廷盛典；以其非常之物，來表特異之恩。」可見冰塊在古代之珍貴。

扇子，古人稱之為「搖風」，又叫「涼友」，搧出來的風純天然無污染，充滿了負氧離子，對人體的健康極其有效。

瓷枕解暑，董解元在《西廂記諸宮調》裡說道：「半窗千里月，一枕五更風。」不僅如此，古人們還自製「空調房」，《三輔黃圖》中記載：「清涼殿，夏居之則清涼也，亦曰延清室。《漢書》曰『清室則中夏含霜』，即此也。」

到了唐代，皇宮中以水流帶動扇車，「四隅積水成簾飛灑」，整個宮殿猶如水簾洞般，絲絲涼氣縈繞，既賞心悅目，又涼爽舒適。所以，有錢真的可以為所欲為啊！

Q：古人用來計時的有哪些玩意？

A：古人的智慧真的值得我們為之鼓掌。

一、圭表，這種計時工具利用了立竿見影的道理來測量日影長度，主要功能是測定冬至日所在，並進而確定回歸年長度．此外，通過觀測表影的變化可確定方向和節氣。中國早在西周時期就已經有了這種計時工具。

二、日晷，又稱「日規」，是中國古代利用日影測得時刻的又一種計時儀器．通常由銅製的指針和石製的圓盤組成。使用時，觀察日影投在盤上的位置，就能分辨出不同的時間．日晷的計時精度能準確到刻。

三、銅壺滴漏，又名「漏刻」或「漏壺」。在壺底或靠近底部鑿個小孔，利用孔口流水使銅壺的水位變化來計算時間。

四、焚香計時等。除了以上的計時方法之外，中國古代人們還用「沙漏」、「火計時」、「燭光計時」「焚香計時」等方法來計時。

Q：古人對於朋友的稱呼有哪些？

A：常常會看「生死之交」「患難之交」「布衣之交」，古人對於朋友的定義有很多，可不止限於這三個！

半面之交——見過面但不熟悉的人。

布農之交——普通百姓交的朋友。

患難之交——在逆境中結交的朋友，在一起經歷過艱難困苦的朋友。

酒酒之交——吃喝而結交的朋友。

竹馬之交——幼年相交的朋友。也稱總角之交。

總角之交——兒童髮髻向上分開的形如羊角。指童年時期就結交的朋友。

肺腑之交——交情深厚的朋友。

膠漆之交——親密無間的朋友。

生死之交——生死與共的朋友。

邂逅之交——無意中相遇而結交的朋友。

點頭之交——交往中僅點點頭打個招呼，感情不深厚的朋友。
泛泛之交——平淡而浮泛交往的朋友。
八拜之交——舊時結拜的兄弟、姊妹的交情。
杵臼之交——交友不嫌貧賤。
金玉之交——寶貴而有價值的交往。生死之交——同生共死的交誼。
君子之交——賢者之間的交情，平淡如水，不尚虛華。
心腹之交——指知己可靠的朋友。
一人之交——親密得象一個人。形容交情深。
莫逆之交——莫逆，沒有抵觸，感情融洽；交，交往，友誼。指非常要好的朋友。
刎頸之交——刎頸，割脖子；交，交情，友誼。比喻可以同生死、共患難的朋友。
忘年之交——年輩不相當而結交為友。
縞紵之交——縞紵：縞帶和紵衣。縞帶指用白色絹製成的大帶。紵衣指用苧麻織維織成的衣服。指交情篤深。
管鮑之交——春秋時，齊人管仲和鮑叔牙相知最深。後常比喻交情深厚的朋友。
紀群之交——紀、群：人名，陳紀是陳群的父親。比喻累世之交情。

臼杵之交——臼：石製的舂米器具。杵：舂米的木棒。臼與杵不相離。比喻非常要好的朋友。

那年那人那些事

【震驚！歷史文化名人原名竟然叫「狗子」】

《史記》的記載，司馬相如年少時，父母給他起的名字為「犬子」。換句話說，他以前叫司馬狗子……後來長大了意識到這個名字念起來實在有些困難，在加上自己的偶像是藺相如大大，故而把自己名字改成了「司馬相如」。

【三餐？想多了，古代都只吃兩餐，你還敢繼續吃？】

「三餐制」始於宋朝。在宋朝之前，老百姓一天只吃兩頓，只有皇室四餐，諸侯三餐，西漢時，給叛變被流放的淮南王的聖旨上，就專門點出，「減一日三餐為兩餐」。這歸功於宋代經濟的繁榮，除了酒肆之間不再如唐代被約束在市坊中間，夜市晚上不實行宵禁，晚上夜生活豐富，所以才加一頓晚飯。

【當偶像不容易，史上第一個被「看死」的偶像】

衛玠作為中國古代四大美男之一，雖然由於身體原因去世的早。但更多的原因是因為由於長得太好看，成為了當時的國民偶像，每天無數人爭先往後地去圍觀他，偶像不堪重負，最後被「看」死了……看殺衛玠一詞也是這樣來的。

【論一個好名字的重要性，你從未想過「雞蛋」原來——】

周公，作為周武王姬發的弟弟，在是商周時期是當時著名的全能偶像。除了政治方面，在軍事、文化方面都有很大建樹。不僅如此，他還特別關注底層人民。但大家大多都用「周公」稱呼他，他的本名叫——姬旦。

【和尚頭頂的疤到底是什麼一回事？】

電視劇上我們經常看到和尚的頭頂有圓圓的疤痕，這叫「戒疤」，而且戒疤是從元朝才有，當時有位志德和尚受到元世祖的尊崇，他傳戒時，規定受戒者每人燃香於頭項，受沙彌戒的燃三炷香，受比丘戒的燃十二炷香，作為終身之誓。而且只有漢僧才點。

【什麼，古代剩女不結婚竟然要罰款？！】

漢朝孝惠皇帝時，誰家要有女兒十五歲以上至三十歲還沒有嫁人，罰款六百錢；唐代對於男子二十歲以上，女孩十五歲以上還沒有配對結婚的也要處罰。

宋仁宗時期讓男子十五歲娶，女子三歲嫁；明太祖規定男子十六歲而娶，女子十四歲而嫁到了法定年齡不嫁人的女子，也是要要罰款的。不結婚怎麼了！吃你家大米了！

【「吃醋？」不不不，原來大家都妻奴】

唐代宰相房玄齡做了二十二年宰相，是貞觀之治的重要締造者。唐太宗為表其功，特賜美女兩名。然後此舉惹惱了宰相夫人，不准美人進家。

李世民給她兩個選擇：一是領回美女；二是喝下御賜「毒酒」。剛烈的房夫人當場飲下「毒酒」後，方知是一杯醋。太宗無法，只得收回美人，「吃醋」一說由此傳開。

【閻王和他的九個分身】

古代電視劇裡如果出現了閻王，往往都是一個人，但其實閻王應該是十個人。十殿閻羅是中國佛教所說的十個主管地獄的閻王的總稱，這一說法始於唐末。

分別是：秦廣王、楚江王、宋帝王、五官王、閻羅王、卞成王、泰山王、平等王、都市王、輪論王。此十王分別居於地獄的十殿之上，因稱此十殿閻王。

【追星追到這種地步，杜甫大大表示壓力很大】

唐代詩人張籍是杜甫的忠實粉絲，他將自己偶像的詩作燒成灰之後拌上蜜膏，每天早上吃三勺，意圖「吃什麼補什麼」。（張籍雖不如杜甫有名，但也在文壇上算是名聲斐然。晚年以創作樂府詩為專長，與王建並稱「張王樂府」。）

【古代 COSPLAY 的敗筆】

郭倪，南宋寧宗時期任京洛招撫使。此人一向自比諸葛亮，扇子上題詩都是「三顧頻煩天下計，兩朝開濟老臣心」。甚至還製作了木牛流馬，一心要 cosplay 諸葛亮。後宋軍北伐失敗，郭倪大敗而歸，被金兵打的稀裡嘩啦。敗兵之後，郭倪再也不玩 cosplay 了，每天痛哭流涕。時人諷之為「帶汁諸葛亮」（淚娃娃諸葛亮）。

目次

卷二 敲黑板，軍事歷史大課堂解密

卷三 宮廷秘聞！直擊真實的宮廷詳情

卷一

古代潮流生活全解析

Part 1

他們生活的世界

1 沒有衛生紙的世界裡的蹲坑必備良品

文／一握灰

從古至今，吃喝拉撒都是人生的頭等大事，俗話說：「人有三急，如廁第一」，餓了渴了還能忍上半天，可要是內急了，不管你是銜金含玉的天潢貴胄，還是清靜無為的得道聖人，都要屈服於排泄的本能——上廁所。今天我們就來聊聊這樁有傷風雅卻無從回避之事。

要上廁所分幾步？找廁所，蹲坑，擦屁屁。看似簡單的三步，卻在歷史長河中歷經了數千年的演變，才發展成為今時今日的便捷樣子。

我們不妨來玩一場模擬經營遊戲。

系統嗶嗶一響：玩家需要建造一間廁所。

雖然這個新手任務有些怪怪的，但是入鄉隨俗嘛，還得照辦。打開裝備包一看，嗯……只有一把鐵鍬。

那咱只能吭哧吭哧埋頭挖個坑了。

哎，成了，這個坑就是我們先人關於廁所的最初構想。

中國早在新石器時代就出現了公用廁所，叫做官廁，因為建在路邊，又名「路廁」。最早的廁所出現在五千年前的西安半坡村氏族部落遺址，考古人員發現了一個個位於房舍外面的土坑，雖然極其簡陋，但足以說明我們的祖先早已開始重視如廁問題了。

不過要在人來人往的路邊噓噓嗯嗯，周圍也沒個遮擋，想想就渾身彆扭啊……拒絕，實力拒絕！

系統嫌棄地嗶了一聲：看在任務完成得不錯的份上，給你點磚石當獎勵啦。很好，我們現在有建材了，可以蓋個屏障把坑圍起來，不僅可以挽救屁屁於風吹日曬之中，還能避免慘遭路人側目。

至於廁所圍牆怎麼蓋，蓋多高，古人也有規制要求。

《墨子．旗幟》記載：「為民圂，垣高十二尺以上」，圂就是廁所，垣即指圍牆，也就是說建造民用廁所，牆壁應在二點七米左右（現代住宅樓房的室內淨高大約也在二點七至二點八米之間）。蹲在坑上瞅瞅四面高聳的牆壁，頓時感覺踏實、輕暢、舒坦！連嗯嗯都變得享受起來了呢。

才不是勒！

在古代上廁所，簡直就是用生命在噓噓嗯嗯。

我們都看過類似的新聞報導：有人在衛生間不小心滑了一跤，把腳卡在了便池坑口裡，拔不出來只好求助於消防官兵，在腰斧、撬棍、潤滑油齊上陣忙活了大半天后終於得救，廁所也被拆得七零八落。慶幸身處現代吧，如果在古代如廁時失足摔倒，整個人跌進廁坑裡溺斃的慘劇都時有發生。

其中最著名的案列就是晉景公姬獳，據《左傳》記載：西元前五八一年六月六日中午，姬獳正準備品嚐新麥，突然覺得肚子發脹，便去廁所方便，結果不慎跌進糞坑而死。身為君王都能死於廁所裡，可見先秦時宮廁的寒酸——很可能就是深坑上擱兩塊踏腳板，而便坑之大足以淹死一位成年人。

上個廁所還有人身危險，太不划算了，就不能別挖那麼深的坑嗎，要不咱乾脆別蹲著了？嗳，又讓您說著了，古人也是這麼想的：到秦漢時，權貴階層已經開始坐著嗯嗯了。

在河南商丘芒碭山梁孝王劉武墓中，發現了中國最早的石質座便冥器，這個建造於二千多年前的坐便器不僅有靠背和石質扶手，在其正後方的牆上，還鑿出了一條沖廁的水管，被認為是中國迄今發現的最早的水沖式廁所。

小命是保住了，可問題又來了，這固定坐便器沒法移動，要是皇親國戚上朝辦公或聊天磕牙時忽然內急，豈不是要抱著肚子狂奔八百里找廁所？

一生狂放不羈的漢高祖劉邦表示：寡人說噓噓就要噓噓，那誰，你的帽子不錯，取下來讓我當尿盆。在劉邦當眾往儒帽裡小解之後，後世的皇帝們許是受此啟發，紛紛開始使用便壺、便器隨時隨地解決問題。

這就是馬桶的初級形態，不過那時它有另外一個酷炫霸氣的名字——虎子。相傳西漢時「飛將軍」李廣射殺猛虎後覺得百獸之王也不過如此，為了表示輕蔑，就讓人鑄造了虎形的銅質溺具，供皇帝小便時使用。於是尿壺便被稱為「虎子」。後來，唐朝皇帝因其先人有個叫「李虎」的，便改叫為「獸子」或「馬子」，再往後就俗稱為「馬桶」或「尿盆」了。據《西京雜記》記載，漢代宮廷還有用美玉製成的虎子，覺得有點奢侈？相信我，在魏晉權貴面前這點小排場都不夠看。

據《世說新語》記載，東晉大將軍王敦第一次上妻子武陽公主家的豪華廁所，由於不懂皇室做派鬧了大笑話：廁所內放著用來塞鼻子的乾棗，王敦以為是供如廁時食用的，全吃了；出廁所時婢女端來洗手的澡豆水，他當茶水一飲而盡。

而西晉首富石崇家的廁所更是極盡炫富之能事。據《世說新語》等書載，石崇命人將廁所建成雕梁畫棟的高樓美廈，廁所下面是填滿鵝毛的木格柵，髒物一落下，鵝毛就覆蓋上去，既不會汙人眼睛也不會熏人鼻子。完事後，一旁侍立的童子立刻更換新的木格柵。

不光如此，石崇家的廁所內還懸掛著絳色幔帳和名家書畫，更有十多個身著錦繡的美豔婢女恭立侍候。她們手捧甲煎粉、沉香汁等名貴香料供如廁之人洗手潔面，在客人方便完後還會服侍對方換上嶄新衣衫，在石崇看來，在廁所轉了一圈的衣服就不能穿了。

也不能怪石崇太講究，畢竟在古代，就算廁所的除臭工作做得再到位，還是有終極一關等著你：擦——屁——屁。倘若沒有清潔乾淨，便便黏到衣服上也是常有之事……

儘管早在東漢蔡倫就改進了造紙術，可直到明清時期人們才開始普遍用紙來擦屁屁。在這之前，被用來清潔五穀輪回出口的東西可謂五花八門。

最廣為人知的是廁籌，又名廁簡、廁篦。從名字是就能猜出它的模樣來：一塊竹片或者木頭片，長大約在十釐米到二十釐米之間，寬約一到二指。每次嗯嗯完後，拿著一端，自己揣摩個姿勢，用另一端刮一刮，完事再洗一洗……綠色無污染，循環再利用，廁籌恒久遠，一片永流傳。

可不是瞎說，只要保存的好，廁籌的使用壽命完全超乎想像。在敦煌馬圈灣烽燧遺址中發現的西漢簡牘，就夾雜了不少後世的人類便便……完全不敢想像這些國寶文物到底遭遇過什麼呢。

廁籌這東西，上到天子下到黎民，人人都用。根據唐朝釋道世的《法苑珠林》記載，三國時吳國皇帝孫浩在翻修府邸時發現一座金像，據說是周初育王鎮宅用的，孫浩不信，隨手扔到廁所裡，用於看管廁籌。

魏晉時期的特權階層雖然把廁所建造得富麗堂皇，但是擦屁屁的工具依舊是硬邦邦的廁籌。北齊皇帝高洋每次如廁，都要讓宰相楊愔捧著廁籌侍候，「雖以為宰相，使進廁籌」，宰相做到這個份兒上，也是憋屈。

天天用竹片刮屁屁，難道古人就不覺得紮嗎？他們當然嫌棄，但是軟硬不能強求，沒被毛刺劃傷就是大幸。《南唐書．浮屠傳》記載，南唐後主李煜親自動手削竹片以供僧徒如廁時使用，並用面頰檢驗品質，看看是否光潔滑爽……也是很拚了！

當然也有那麼一些細皮嫩肉的權貴格外追求生活品質，會用絹、絲、麻、錦等織物代替廁籌，不過能這麼禍禍錢的到底只是少數。

達官貴人們追求的是陽春白雪，擦屁屁都要說成拭穢，平常百姓可管不了那麼多，廁籌在民間另有一個名字：乾屎橛。甭覺得俗，這名字背後還有一段佛家故事。

《五元燈會》記載：五代時期的高僧雲門，曾被僧人問起「如何是佛」這一終極問題，他回答說，佛就是「乾屎橛」。大師的禪意眾人各有領會，或許他是想告訴世人佛在一飲一啄之中，亦在一屎一尿之中，並非高不可攀。

民間不光有乾屎橛，在擦屁屁這個深奧問題上，廣大勞動群眾充分發揮了因地制宜敢想敢幹的精神，就地取材，不斷創新……除了竹片，據記載用於擦屁屁的還有：樹葉、土塊、鵝卵石、貝殼（？？？）……愈看愈覺得疼啊！

等到歷史的車輪行進到元朝，皇家終於開始推崇用紙擦屁屁了。據《元史》記載，忽必烈的兒媳闊闊真對婆婆非常孝順，她會在婆婆上廁所時用自己的臉將手紙蹭軟了才給對方使用。

上有所好，下必甚焉。至此之後，直到明清，紙張逐漸在廁所裡取得了一席之地（並沒有什麼可驕傲的好嗎）。

那就有個問題了：中國早就發明了紙，為什麼直到明清才被廣泛用於擦屁屁？

其實中國最早的提到用紙擦屁屁的記載見於南北朝，北齊顏之推的《顏氏家訓》有云：「吾每讀聖人之書，未嘗不肅敬對之；其故紙有五經詞義，及賢達姓名，不敢穢用也。」即是說，紙上寫有五經詞義和先賢姓名，他不敢用這樣的紙去擦屁屁。

在中國古代士大夫眼中，用來傳經明義的紙張承載了先賢的教誨，是不容玷污的。唐朝時就有規定，不得拿寫過字的紙上廁所，計算在明清之際，用紙擦屁股已經流傳開來，官方仍明文禁止用寫字的紙張擦屁股，頒布了《惜字律》、《惜字新編》、《惜字徵驗錄》、《文昌帝君惜字律》等一系列法律。違反者不但會被官府懲罰，甚至會遭「天譴」。

這一觀念根深柢固，直到上個世紀還有少數老人堅持遵循。

當然，明清時期用來擦屁屁的紙可沒法和現在的柔軟紙巾相提並論，其粗糙程度和報紙差不多，這樣一想，又覺得屁屁一緊。

於是皇帝坐不住了，好不容易脫離了木片，不能還讓自個兒受罪啊，嗯……給我搞點柔軟的皇家特供廁紙。明後期皇帝的手紙由內官監紙房專門負責，所造之紙呈淡黃色，三寸見方，柔軟非常。

到了晚清，就更講究了。《宮女談往錄》一書記載：慈禧太后用的手紙是宮女們加工好的細軟白棉紙，「先把一大張分開裁好，再輕輕地噴上一點水，噴得比霧還細……把紙噴得發潮、發蔫以後，用銅熨斗輕輕地走兩遍，隨後再裁成長條，墊上濕布，用熱熨斗在紙上只要一來一往就成了……這樣把又柔軟、又乾淨、又有棱角的便紙，折疊好備用」。

所以如果要穿越，加把勁穿到非富即貴之家，上廁所指不定還有人搧扇子講笑話解悶呢！

② 探尋刷牙的一百種技能

文／白鷺青鷗

早在先秦時期，著名的《衛風．碩人》中便是這樣歌頌大美人高顏值的：「膚如凝脂，手如柔荑，齒如瓠犀」，所謂「齒如瓠犀」也是一條判斷顏值的重要標準。就像時下的明星要給牙齒貼全瓷亮片，好讓一口白牙顯得更加上鏡一樣，古時的美人笑起來也要有標準八顆大白牙。詩中的瓠犀便是西葫蘆的瓜籽，又白又齊，擁有這樣的一口好牙，應該能讓不少因矯牙而受苦的現代人嫉妒到流淚了。

某知名影星曾在微博上表示，自己因牙齒整形而做過幾次全口手術，箇中滋味難與人言，足以想見當代明星為了擁有一口上鏡好牙願意付出怎樣的代價。那麼古代的美人呢？她們也會孜孜不倦地追求完美牙齒嗎？

答案是確定的，愛美之心人皆有之，雖然中國古代的醫療條件必然不及當代，但古人對口腔衛生其實相當重視，何況就算不為笑起來好看，也要為了品嚐美食而好好保護牙齒啊！

身處醫療條件簡陋的古代，先民們為了「遠離牙醫」也是煞費苦心，想出了種種高招，其中第一種最為經濟有效的方法，便是漱口。眾所周知，華夏文明是一種充滿熱情和生命力的吃貨文明，為了能將吃貨事業貫徹到底，古人深知飯後漱口保護牙齒的重要性。

東漢時《金丹全書》便有云：「飲食之毒，積於牙縫，於夜晚洗刷，則污垢盡去，齒自不壞」，西漢名醫淳于意更是具有遠見卓識地提出，齲齒是由於人們不注重漱口而產生的。由此可見，中國古人很早就有了口腔衛生的概念，並且十分嚴謹地付諸實施，他們不止講究使用鹽水、中草藥水、清水、茶水等漱口，還認為「晨漱不如夜漱」，和我們兒時睡前家長耳提面命的「好好刷牙」原則十分相近。

除了漱口，古人進餐時也離不開一樣精緻的小物件，那就是牙籤。中國使用牙籤的歷史可以追溯到遠古穴居人時期，考古學家曾在殷人頭骨齒間發現了剔牙痕跡，甚至形成了「光滑的淺槽」（引自楊希枚《安陽頭骨研究》）。一九五四年，洛陽市中州路編號二七一七的古墓中出土了八枚骨質牙籤，形狀如同縫衣針，頂部較為平滑圓鈍，長約五點八～六點九釐米，經判斷為戰國早期的遺物。可以斷言，中國人在距今兩千三百多年前就已經有了剔牙的習俗。

在考古證據之外，學界也有一種說法，認為牙籤在中國的廣泛使用是佛教傳入帶來的影響，而隋唐時期古人所使用的牙籤主要由楊枝柳木做成。東晉法顯大師《佛國記》有云：「佛嚼楊枝」，經學者指出，此處的「嚼」應當做「削」來理解，可以推斷出當時西域天竺的居民已經開始使用楊柳枝製作牙籤，很可能將這種風俗傳播到了中土。《隋書．真臘傳》也記載道：「每旦洗澡，以楊枝淨齒，又讀經咒」，可以充分說明，對隋唐時期的古人而言，以柳木楊枝刷牙剔牙，是一項和宗教密切相關的儀式。同時，借著牙籤的流行，他們也發明了指牙清潔的方法，《處台祕要》中記載：「每朝楊柳枝咬頭軟，點取藥揩齒，香而光潔」，意為建議人們使用青鹽、中草藥物粉末等潔牙劑，蘸以楊柳木枝清潔牙齒，這種清潔方式至今可以在晚唐敦煌壁畫（如《勞度叉鬥聖圖》）中發現端倪。

但無論牙籤的流行到底起源於何時，中國古人對這項小小工具的熱情卻是隨著時代變遷有增無減。晉人陸雲曾經在寫給兄長陸機的家書中透露，自己在魏國都城鄴城參觀曹操遺物時，發現其中有很多「梳刷、剔齒籤」，可以看出雄才大略的曹老闆也是一位愛美人士，時刻注意公眾形象，只是不知道曹老闆的御用牙籤是什麼材質呢？很有可能是精緻的骨雕或玉雕，甚至可能是亮光閃閃限定版土豪金。

元代書法家趙孟頫在詩中寫道：「扶老每借齊眉杖，食肉先尋剔牙籤」，十分生動地表達了他對牙籤的依賴。宋元時期市民文化繁榮，美食更是名目繁多，身為宋末皇族貴胄的趙大人尚且要拿了牙籤再吃肉，普通小民應當更是上行下效，畢竟擁有一口好牙，才能保證下半生的美食享受。

到了明代，那位敢於親嚐一切黑暗食物（比如人類頭髮和眼屎）的名醫李時珍，也對牙籤讚不絕口，他個人比較推薦柳木製作的純天然綠色牙籤，曾在《本草綱目》中打過無償廣告：「柳枝去風消腫止痛，其嫩枝剔齒甚妙」。

綜上所述，牙籤和漱口的傳統是中國古代悠久相傳的優秀文明，而且隨著時代的不同，人們使用的方法和工具也有所不同。但如果看到這裡你認為古人已經足夠看重的牙齒的話，那就大錯特錯啦，真正的大殺器牙刷和牙膏才剛要登場呢！

我們前文所提到的楊枝柳木等潔齒工具，除了被製作為牙籤之外，也可以作為柔軟的牙刷使用，古人使用牙刷和牙膏的歷史也十分源遠流長。

南梁時期的〈西嶽華山峰碑載口齒烏髭歌〉中就已經有言：「豬牙皂角及生薑，西國開麻蜀地黃。木律旱蓮槐角子，細辛荷葉要相當。青鹽等分同燒煅，研熬將來使更良。揩齒牢牙髭鬢黑，誰知世上有仙方。」這段歌謠所記載的很可能是中國最早的「藥物牙膏」，配方便是用鹽、荷葉、皂角等物研製而成，兼有美白和消炎的雙重作用，可以說是十分實用了。兩宋時期的作品《太平聖惠方》中也記載有製作藥物牙膏的方法，用柳枝，槐枝，桑枝等天然植物煎水熬膏，再混入入薑汁細辛等材料，用它揩牙或者刷牙，都對牙齒健康十分有益。

有了如此實惠的牙膏，牙刷自然也要緊跟潮流更新換代。宋代時古人拋棄了植物枝條製作的牙刷，開始使用植毛牙刷，宋代周守中《養生類纂》中有記載：「蓋刷牙子皆是馬尾為之」，只是可憐了被薅禿尾巴的馬兒們。

宋人十分具有生活情趣，他們開始使用植毛牙刷較之歐洲早了約五百年，而刷牙的風氣一旦成為時尚，便一發不可收拾。南宋吳自牧《夢粱錄》中「諸色雜貨」一節記載了許多當時的時髦小商品，其中便有「刷牙子」一項。繁華的臨安城中有許多挑擔貨郎，沿街叫賣日用雜貨，牙刷便是必不可少的商品之一。「鋪席」一節更是介紹了許多臨安的著名店鋪，其中便有「凌家刷牙鋪」和「傅官人刷牙鋪」兩家生產經營牙刷的專門商鋪，足見口腔清潔對宋代百姓來說多麼重要。

口腔清潔技術在宋代基本定型，其後除卻西方醫學思想流傳外，本土不曾有過大的變革，但牙齒清潔在古人日常生活中的重要地位卻一直沒有改變。

如上，除卻牙籤、牙膏、牙刷等日常護理，古人在治療牙痛和保持口氣清新方面也有獨到的心得，熟讀言情小說的小仙女們應該記得，不少言情小說中蘭心蕙質的女主都會一個小偏方，當身邊有人牙疼時便給他們提供一些丁香，以病牙咬住丁香來止痛。

這個小偏方其實早有來頭，丁香可能是古代最時尚的口香糖之一，只不過古人習慣於稱呼它為雞舌香，因為丁香「花實叢生，其中心最大者為雞舌，擊破有順理而解為兩向，如雞舌」故而得名。古人時常在身上佩戴香囊和醒神醒腦的小藥（如《紅樓夢》中寶玉所佩玩物時常被人爭搶，還惹得林妹妹生了一肚子氣），丁香便是其中必不可少的一味，可以視作一種古人對牙齒的日常護理。

晉代著名神棍得道高人葛洪還推行過一種牙齒保健法，被稱為「叩齒堅齒術」，具體操作方法為每天清晨時分上下牙齒輕輕叩擊約三百次，以期達到堅固牙齒、醒神醒腦的效果。他所發明的這種養生方法後來被歷代道門奉為圭臬，成為了著名的道教養生方法，其中還真有些符合現代醫學的原理。現代醫學研究認為，這種叩齒保健法能夠使牙周牙體組織的神經細胞興奮起來，增強牙周血液流通，促進血液循環，提高預防齲齒和牙周病的能力，還能促進唾液腺分泌，有利於人體消化和吸收。

不得不說這是古人在口腔清潔方面智慧的體現，但對於寧可上班上學遲到也要多睡幾分鐘的現代人而言，恐怕很難有人堅持清晨叩齒保健，沒錯，說的就是一邊看文一邊心動的你，潔白堅固的好牙是要付出代價的呀！

當我們扒開歷朝歷代古人的牙齒，也許會驚訝地發覺，中國古代社會看似醫療條件落後，但養生觀念卻十分先進，在這樣的觀念指導下，古人的牙齒也許比被菸酒和碳酸飲料腐蝕的我們更為健康也說不定。

回到題目的問題上來，我們可以定論，中國古代的古人顯然是刷牙的，不僅刷得勤、刷得好，而且刷出了風格，刷出了講究，用具有牙籤牙刷牙膏等，刷法有揩牙漱口叩齒等，口腔清潔工作細緻到了方方面面，不止有口香糖，還有牙刷牙膏專賣店。

一代文豪梁實秋先生也對古人刷牙的學問非常有興趣，曾專門撰寫〈牙籤〉一文，研究考證了世界牙籤的歷史，結論是牙籤一定源於東方，這也許是因為東方的美食實在太過豐富，為了能有一口好牙做武器去征服這美味的世界，古人不得不挖空心思打磨武器吧！但看著古人尚且如此在意自己寶貴的牙齒，如果你還不注重口腔清潔，是不是感覺非常無地自容？《死神來了》系列裡對筆者而言最驚悚的故事，就是一個在牙醫診所被死神拜訪的小哥，這種對牙醫發自內心的恐懼肯定不止我一個人有，所以，為了遠離「可怕」的牙醫診所，更為了下半生的口腹之欲，還請大家拿出百分百的愛心對待自己的牙齒，好好刷牙，認真刷牙哦！

本文主要引用資料：

《牙刷的發展史》

《中國古代牙刷展—安陽新聞網專題》

《市井博物》（「食肉先尋剔牙籤」）

③ 古人如何避孕？

文／白鷺青鷗

看到這個題目，你心中是不是已經開起了一輛「汙汙汙」的小火車？停！停車！我們可是正經的科普文章——

儘管你接下來可能會看到一些讓人不好意思的史實，也會見識古人奔放熱情的一面，但我們絕對是有證駕駛，保證乘客的安全，保證不會飆車！

如果你已經做好準備，那麼我們的旅途正式開始！在發車之前，司機想先向大家介紹一下中國古代人民的性文化觀念。眾所周知，在研究一個問題時，應當先搞清楚這個問題為什麼會存在，如果解決了這個疑惑，那麼問題往往也就迎刃而解了。如果我們想得知古人是如何避孕的，那麼我們就要先提出一個問題，古人是出於什麼需求，才會主動進行避孕呢？

華夏文明是儒教文明，幾千年來大多數時間，出於建設生產以及穩定統治的理由，官方都提倡多子多福，多生多育。古代女性以誕育男性勞動力為榮，如果沒有順利生出男孩，便一直生育女孩直到男孩出生的例子也比比皆是。對於落後的農耕社會而言，新的勞動力是支撐社會的基礎，我們都聽說過「求子觀音」，卻沒有聽說過關於避免生育的仙神，很難想像古代人民會採取避孕行為。

但古人的避孕行為卻是歷史上確實存在的，《山海經》中便已提到過相關「藥方」：「……有草焉，其葉如蕙，其本如桔梗，黑華而不實，名曰菁蓉，食之使人無子」，足見避孕節育行為也有相當長的歷史。而為了研究這一行為出現的動機，我們要先從古代社會對「性」的認知談起。

雖然在大眾的概念中，古代士人談「性」色變，應該是滿口道德倫理的禁欲狂，但如果人人如此，那麼一個主流文化裡性壓抑太久的社會一定會引起其他方面的問題，導致整個社會不能健康發展。所以事實上，古代掌握社會話語權的士人們不但「風流」，甚至還風流得很科學，風流出了自己的態度。

早在秦漢時期，就已經有了比較完整的性學專著，如馬王堆出土的三部竹簡作品

《十問》、《天下至道談》、《合陰陽》，在早期，它們被稱為「房中術」、「養生」等類的祕笈，而據系列紀錄片《中國古代性文化大觀》中所言，秦漢時期研究這方面的學問稱為「陰道」，並不是指女性身體器官，而是指「陰陽和合之道」。其中的「陰陽」二字，其實便是中國古代性文化的簡化概括。

馬王堆三號漢墓出土的竹簡《十問》中，就已經闡述了以「陰陽和諧」為主流思想的中國古代性學觀念，其中提倡男性和女性保持健康的「運動」頻率，達到和自然共鳴的狀態，從而利於生育。同時也提到不宜頻率過多、不宜在事後沖涼等很具體的養生措施，的確是從醫學角度出發對人們性生活進行指導。

其中有一種觀點很值得注意，《十問》提到：「朘氣不成，不利繁生」，意為在男性沒有發育成熟之前，不宜有性生活，這樣會損傷身體，從中可以一窺古人反對早婚早育的科學思考。在普遍早婚早育的古代社會，這種思想本身就可以看做一種節育思想了。

說到這裡，乘客們難免要發問，「陰陽」這麼深奧的東西該怎麼理解？此處我們要介紹一位知名大文豪，香山居士白居易先生——的親弟弟！沒錯，如果你還不知道白行簡的大名，那你肯定是個假的老司機。

白行簡和其兄一樣，文采風流，曾寫過一篇著名的《李娃傳》，被後世不斷改編再創作。但我們要講的卻是他的另一個代表作品，有「千古第一奇文」之稱的《天地陰陽交歡大樂賦》。荷蘭大使館參贊高羅佩曾表揚過這篇文章「很好地展現了唐代生活風貌」，聽到這句誇讚，你會不會誤以為這是很正經的詩詞歌賦？可是如果你發現中國通高羅佩先生不僅寫過「中國的福爾摩斯」，也即《大唐狄公案》系列，還寫過《中國古代房內考》，你可能會像司機一樣，露出會心的微笑。

高羅佩顯然是在查找資料時發現了這篇奇文，白行簡寫作時恰逢其兄發起新樂府運動，宣導質樸清新、簡明有力的文字風格，故此寫作時他大量使用了當時流行的俚語和俗語，使得整篇文章十分易懂，堪稱自動檔駕駛，新手司機也能輕鬆上路。這篇奇文被發現於甘肅省敦煌縣鳴沙山石窟，成為了中國古代士大夫用正經的文學體裁來全篇描寫男女性愛的少見之作，而且主旨十分健康：「其旨在敘人倫，睦夫婦，和家庭，明延壽保健之道」。

這篇賦有一段總序，序言先占據理論高點，從儒家正道的角度闡明了研究性愛問題的實際意義，說明健康自然的性生活對人們的重要性，如白巨巨所言：「具人之所樂，莫樂如此，故名大樂賦」，實在是獨樂樂不如眾樂樂！

這篇賦的內容也十分詳細，從少男少女懷春一直描寫到士大夫的閨房之樂，應該能讓吃瓜群眾看得滿意，不過令司機在意的是其中傳達的性觀念：「交接者，夫婦行陰陽之道……夫造構已為群倫之肇，造化之端，天地交接而覆載均，男女交接而陰陽順。」翻譯成白話我們可以理解為，性的快樂是自然所帶來的，宇宙已經運轉得十分精妙，而男女交歡可以使得日月照常輪轉，自然界保持均衡，也即「陰陽之道」。

通過簡單介紹中國古代相關著作，相信各位機智的乘客已經理解了古人的基本性觀念：在儒家正統思想範圍內，男女交歡不是可恥的，而是自然美好的，並且是人類生活所需，同時提倡繁育子嗣。在這樣的狀況下，我們不免會想到，如果古人採取節育和避孕的手段，那麼多半是因為性行為的方式違背了他們的基本性觀念。

說到「避孕」這兩個字，最先被想起的便是古代的青樓女子。她們不屬於儒家觀念中應被維護的家庭之內，只是男人尋歡作樂時的伴侶，這種性行為固然能帶來快感，可一旦產生新生命，往往不被社會所承認。這種生育違反儒家道德，為了生存，青樓女子們不得不採用避孕手段。

距今約四千年前，古埃及人便使用莎紙草、蜂蜜、鱷魚糞便等物製成堵塞物開始避孕，以栓劑的形式置入子宮頸口和陰道內，開創了屏障避孕的先河，中國古代女性也如是，以絲質油紙、破布團、海綿等塞入身體內阻隔受孕，其他常見的方式還有用綿羊腸子製成簡易避孕套，或使用魚膘等比較便宜的材料。

以上是相對而言「科學」的方法，中世紀歐洲還有人迷信女性只要手執柳條性交就不會懷孕，還有的男性粗暴地採用傷害女性身體，使其不能孕育的方法來避孕。而大熱清宮劇裡出鏡率頗高的「紅花」、「麝香」等會影響孕婦身體狀況的中草藥，如果從反方面考慮，的確也算是起到了避孕作用。

除卻物理避孕手段之外，古代的生育思想有時也會幫助人們避孕。歷史上很多時期，不止是身分卑微的妓女侍妾等需要避孕，國家也會出於種種考慮，指定一定的「計畫生育」政策，鼓勵所有人民實行。

比如西周時期提倡晚婚晚育，法定女子結婚年齡二十歲，男子結婚年齡甚至是三十歲！管仲也提出要削減齊桓公的後宮人數，「不讓宮中有怨女」。這樣做還可以打擊貴族蓄妾的風氣，調整社會適婚男女比例，墨子便曾呼籲過「節制」。

以上是中國古代避孕節育史中較為積極的一面，然而有更多不為人知的故事在歷史中沉澱為血淚，至今讀來令人感嘆。前文提到過有些男性會採取傷害女性身體的方式來避孕，這其實是古代避孕手段落後的一種體現。關於物理避孕的史料的確少之又少，普通民眾為生計所迫，面對著一個又一個孩子無計可施時，便只有殺嬰一個方法。此時「避孕」這個概念不再與風花雪月相關，反而成了一種生存的迫切需要，自然也就不適用前面提到的分析方法了。遺憾的是，當時落後的科學手段最終導致了許多民間野蠻控制人口的陋習。

至今中國許多地區仍然有溺女嬰的傳統，南宋時這種殺嬰行為更加狂熱，而且不僅限於女嬰。當時有一種奇怪的風俗，叫做「生子不舉」（不是你們想的那個不舉喂！），即生下孩子後不養育，而是殺掉或者拋棄。這種風俗在南宋時期的農村愈演愈烈，政府不斷鼓勵生育，開辦「舉子倉」進行救濟，同時也嚴格處理殺嬰行為，但都收效甚微。這種行為的動機十分簡單而殘忍，只是為了活下去。

如果官方無法合理地控制人口數量，人民便只能竭盡所能，南宋時期土地兼併嚴重，農民難以生存，還要按男性人口上繳高額「身丁錢」，官方的救濟杯水車薪，農民生存不堪重負，不停生育也給婦女身體帶來了極大壓力，殺嬰是人們僅剩的唯一選擇。

身為現代人，無法輕易去置喙他們的做法，司機只能由衷地感激避孕套這個了不起的發明，它在女性解放史和人類社會生育史上的地位的確無可取代。在研究中國古代避孕歷史的同時，我們也不應忘記這黑暗的一頁。

行走過悠悠千年，我們懷著複雜的心情探討了中國古代避孕的歷史，不知道乘客們感想如何，這是不是一趟有收穫的旅行呢？

無論如何，滿載著對大家美好祝福的小火車已經到站啦，希望每位乘客都能擁有安全而健康的性生活，享受快樂的同時做好防護措施，真正意義上掌控自己的身體！我們下次旅途再會！

本文參考資料：
《中國古代也有計畫生育政策》
「白行簡」相關詞條、論文等

《中國古代性文化大觀》

《竹簡》〈十問〉論「朘氣」

④

一杯好茶靠什麼？

文／維清

古人喝功夫茶，講究多了去了。

先說水，古人可沒有自來水，也沒法去超市買農夫山泉，也沒法外送叫一桶純淨水，想喝水怎麼辦？最方便的就是打井了，當然如果有幸住在江河湖溪旁，甚至你家隔壁拐角有個泉眼，嘖嘖，祖墳冒青煙了。

茶聖陸羽大大在《茶經》裡就說了：「山水上，江水中，井水下。」「江水取去人遠者，井水取汲多者。」這是很科學的，山水經過岩層層層過濾，濾去了雜誌溶解了部分礦物質，因為山水奔流激蕩，也溶解了很多二氧化碳等氣體，所以山水清冽鮮爽，比你家淨水器淨化的好多了。江水呢也還勉強，但是要挑人煙稀少的江河。不然你在下游取水，人家上游洗衣服洗菜甚至倒尿盆，味道就怪怪的了。井水呢相反，可能就要挑人多的地了。因為每天你打一桶我打一桶張三打一桶隔壁老王再打一桶，這樣井水就能時時更新，不會滋生水藻寄生蟲等奇怪東西了。

這樣就完了？太簡單了！

「其山水，揀乳泉、石池漫流者上；其瀑湧湍漱，勿食之。久食，令人有頸疾。又水多流於山谷者，澄浸不泄，自火天至霜郊以前，或潛龍蓄毒於其間，飲者可決之，以流其惡，使新泉涓涓然，酌之。」簡單來說山水挑石頭上緩緩流淌的好，瀑布傾瀉的不要喝不然脖子會生病（好奇怪），山谷窪窪裡的要通一通再喝。

而張源在《茶錄》裡又講了，「山頂泉清而輕，山下泉清而重，石中泉清而甘，砂中泉清而冽，土中泉清而厚。流動者良於安靜，負陰者勝於朝陽。山削者泉寡，山秀者有神。真源無味，真水無香。流於黃石為佳，瀉出青石無用。」

據說古時好多文人都是品水高手，也鍾愛某些江河水。其中最有名的就是被唐代劉伯芻評為第一揚子江心水。

古人評水的本事神乎其神，傳言王安石能評出瞿塘峽中峽和下峽水的區別，也不知是真是假。宋徽宗他老人家不愛江水，「若江河之水，則魚鱉之腥，泥濘之汙，雖輕甘無取。」我深表認同，因為我就喝過有魚鱉腥氣的江河水，感覺喝到了它們的便便。

既然我們說到我喝到魚的便便了。古代好多茶人在遍訪名山大川尋找香茗的同時也留意辨別各地水質，由此留下了許多水質排行榜，像陸羽，劉伯芻等。有趣的是，雖然天下第一經常變，什麼廬山谷簾水，揚子江南零水，北京玉泉，濟南趵突泉……但天下第二的寶座往往被無錫惠山泉所占，人送外號「千年老二」。可惜的是，排行榜上大多數的江水泉水都已名存實亡，不是變質就是枯竭，要不就淪為景區裡給遊客投錢許願的可憐水池了。

喜歡喝茶的帝王除了宋徽宗就屬鼎鼎大名的乾隆了。不過前者是真風雅，瘦金體花鳥畫流芳百世，一部《大觀茶論》也在中國茶文化史上一枝獨秀。而後者是真「奇葩」，寫了三四萬首詩沒一首值得一提（《全唐詩》裡所有詩人的詩加起來還沒他多），糟蹋自己就算了還糟蹋先人，老愛在先人留下的書畫名品上蓋印章，還蓋老大的印章，還老愛在重要位置上蓋，蓋一個不過癮還蓋兩三個。哎……乾隆大哥也染指了茶文化界。他有其獨特的鑒水方式，用一個精製銀斗去給水稱重，誰輕算誰好，由此評定北京玉泉天下第一。先不說這種方式有無道理，我只是奇怪他當時用的什麼秤能量的這麼准。不同水裡那幾微克幾毫克的差距都量得出來。

除去山水泉水江水井水這些地上的水，有追求的古人還喜用天落水（雨水、雪水等），天落水使用時多用舊年陳水，以其放後味更甘甜。清袁枚《隨園食單》載：「然天泉水、雪水力能藏之。水新則味疏，陳則味甘。」

雨水為古人讚美，所謂「陰陽之和、天地之施，水從雲下，輔時生養者」也。現代研究認為雨水其中含有大量的負離子，有「空氣中的維生素」之美稱。飲用雨水應取「和風順雨，明雲甘雨。皆靈雨也」。雨水四季皆可用，但因季節不同而有高下之別，明屠隆《考槃餘事．擇水》：「天泉，秋水為上，梅水次之。秋水白而洌，梅水白而甘。甘則茶味稍奪，洌則茶味獨全。故秋水較差勝之。春冬二水，春勝於冬，皆以和風甘雨，得天地之正施者為妙。惟夏月暴雨不宜，或因風雷所致。」總結就是秋雨第一，春雨第二，冬雨第三，夏季暴雨最次。

關於雪水，《紅樓夢》裡對此有段精彩描述：

黛玉因問：「這也是舊年的雨水？」

妙玉冷笑道：「你這麼個人，竟是大俗人，連水也嚐不出來。這是五年前我在玄墓蟠香寺住著，收的梅花上的雪，共得了那一鬼臉青的花甕一甕，總捨不得吃，埋在地下，今年夏天才開了。我只吃過一回，這是第二回了，你怎麼嚐不出來？隔年蠲的雨水哪有這樣輕浮，如何吃得。」

妙玉也是真風雅，要喝就喝梅花上的雪，連隔年存的雨水都入不了她的眼，不知道看到你用家裡的自來水泡茶她會翻個多大的白眼呢。

天寒地凍，家裡又沒存雨雪怎麼辦？敲冰煮水，「丹灶鶴歸休炷火，茶甌客訪旋敲冰。」「認香尋梅亦不惡，敲冰煮茗寧皆非。」傳說以前住在北極圈附近的愛斯基摩人出門在外與人交談時，話一說出口就會凍成冰，對方就把那塊冰小心翼翼帶回家用爐火烤化掉，聆聽裡面的聲音。想來古人敲冰也是敲下一塊凍結的春光，爐火一煮，便是那滿室鳥語花香。

所以古人十分重視泡茶用水，「茶性必發於水，八分之茶，遇十分之水，茶亦十分矣。八分之水，試十分之茶，茶只八分耳。」如果有幸得到一款好茶，沒有相得益彰的好水來配，這茶寧可不喝。所以王安石會托蘇東坡在瞿塘峽乘船時幫他舀一桶中峽水，所以蘇東坡品嚐到惠山泉泡的茶後欣喜異常，寫下：「獨攜天上小團月，來試人間第二泉。」所以當寒冬臘月友人前來時，他們會掃下梅花上的雪，會敲下溪流結的冰，燒水共品茗。

好了，關於泡茶用水的論述到此為止，接下來我們來說煮水用炭的講究。

陸羽大大說：「其火，用炭，次用勁薪。其炭曾經燔炙，為膻膩所及，及膏木，敗器，不用之。古人有勞薪之味，信哉。」意思是燒水最好用炭，其次用能燃燒得很旺的薪柴。如果那炭你曾用來烤過羊肉串啥的，會讓炭染上膻腥之氣，還有那些富含油脂的木材，這些都不能用，因為會有「勞薪之味」。（好像可能大概就是松木那種油脂味吧？）

所以，你以為搞個乾淨的炭就行了？Ｎｏ！

「火必以堅木炭為上，然本性未盡，尚有餘煙，煙氣入湯，湯必無用。故先燒令紅，去其煙焰，兼取性力猛熾，水乃易沸。」你用的炭必須要煙氣要少，否則像起了狼煙一樣黑煙滾滾，不知道還以為匈奴入侵呢。所以你的炭最好擱外邊先燒一會，等燒到赤紅色沒有煙塵的時候，再上爐煮水。

為了解決木炭有煙塵的問題，古人又搗鼓出了橄欖炭、荔枝炭和龍眼炭。這裡所說的橄欖炭、荔枝炭或者龍眼炭，不是用這些水果的樹身燒成的炭，而是用橄欖、荔枝和龍眼果核燒成的炭。目前荔枝炭和龍眼炭因為價格的原因早已絕跡，工藝也早已失傳，唯有橄欖炭在潮州工夫茶文化中保留了下來。下面看一下橄欖炭的介紹：

橄欖炭，以烏欖剝肉去仁之核，入窯室燒，逐盡煙氣，碎之瑩黑，儼若煤屑；一經點燃，室中還隱隱可聞「炭香」，以之燒水，焰活呈藍色跳躍，火匀而不緊不慢；如此核炭，最為珍貴難得。

餘者如松炭，雜炭，柴炭，煤等，就沒有資格入工夫茶之爐了。烏欖炭燒起後有一種香味，用砂銚可起過濾作用，有一部分欖香溶於水裡，燒出的水有一種淡淡香氣。

我就在網拍購置過橄欖炭，橄欖炭中質優的叫烏欖炭，售價每斤將近一百元人民幣，貴是貴了點，不過好處就是沒有煙塵，經久耐燒，晚來天欲雪時燒個紅泥小火爐，暖暖手泡泡茶還是很有氣氛的。

費了九牛二虎之力，我們終於把水和炭搞定了。下面上傢伙，燒水用什麼呢？

陸大大說：「鍑：以生鐵為之……洪州以瓷為之，萊州以石為之。瓷與石皆雅器也，性非堅實，難可持久。用銀為之，至潔，但涉於侈麗。雅則雅矣，潔亦潔矣，若用之恒，而卒歸於鐵也。」唐朝盛行的是煮茶法，所以那時候燒水器具和煮茶器具是一體的，根據陸老大的說法他們那時候的人一般用鐵鍋煮水，但洪州與萊州兩地比較奇葩，用瓷器和石器做鍋煮水，雖然夠逼格但就是不結實，摔碎了收破爛的都不要。也有土豪用銀鍋煮水，銀器雖然潔淨雅致但涉嫌侈靡浪費，若長久使用還是鐵器為妙。

到了宋朝，煮茶法變成了點茶法，好比以前是煮米糊吃，現在升級了改泡奶粉喝了。唐朝為了燒水時方便放茶，燒水器具一般用鍑，像個大鐵鍋。宋朝為了點茶時方便注水，燒水器具一般用水瓶，就像花瓶上長了一個流嘴。

宋朝人點茶一般用特製瓷瓶，耐高溫，可以直接架在炭火上烤，不過講究的宋代君王高官可不止於此。

宋徽宗說：「瓶宜金銀。」

大學士蔡襄說：「瓶要小者易候湯，又點茶注湯有准。黃金為上，人間以銀鐵或瓷石為之。」哎，這下連銀子都看不上要用金子了。

茶事到了明朝又發生了重大轉變，苦孩子出身的元璋兄體恤民情，覺得宋朝龍團鳳餅（茶餅）那一套太勞民傷財，於是罷團茶進散茶，點茶法由此也轉變成現在流行的泡茶法。由此水瓶也退出了歷史舞台，燒水器具變成了茶銚，大體形制和煮中藥的罐子差不多，也是流行於潮汕地區的燒水壺「玉書煨」。

茶銚的材質相比唐宋也沒多大變化，只是有好些文人提倡用錫，張源在《茶錄》裡講：「桑苧翁（就是陸羽）煮茶用銀瓢，謂過於奢侈。後用瓷器，又不能持久。卒歸於銀。愚意銀者宜貯朱樓華屋，若山齋茅舍，惟用錫瓢，亦無損於香、色、味也。但銅鐵忌之。」周高起也說：「惟純錫為五金之母，以製茶銚，能益水德，沸亦聲清，白金尤妙，苐非山林所辦爾。」（這裡的白金指的是銀。）

好了，看來有條件的就用銀壺（銀鍋，銀瓶）煮水，沒條件的就用錫鐵啥的吧。燒水器具搞定了，什麼？！你說爐子還沒有呢。哎……一把辛酸淚。

唐．陸羽《茶經》之器篇：

風爐：風爐以銅鐵鑄之，如古鼎形，厚三分，緣闊九分，令六分虛中，致其圬墁，凡三足。古文書二十一字，一足云「坎上巽下離於中」，一足云「體均五行去百疾」，一足云「聖唐滅胡明年鑄」。其三足之間設三窗，底一窗，以為通飆漏燼之所，上並古文書六字：一窗之上書「伊公」二字，一窗之上書「羹陸」二字，一窗之上書「氏茶」二字，所謂「伊公羹陸氏茶」也。置墆（土臬）於其內，設三格：其一格有翟焉，翟者，火禽也，畫一卦曰離；其一格有彪焉，彪者，風獸也，畫一卦曰巽；其一格有魚焉，魚者，水蟲也，畫一卦曰坎。巽主風，離主火，坎主水。風能興火，火能熟水，故備其三卦焉。其飾以連葩、垂蔓、曲水、方文之類。其爐或鍛鐵為之，或運泥為之，其灰承作三足，鐵柈台之。

陸兄燒水用風爐，一般用銅鐵打造，還有的是用鍛鐵或者泥巴，形狀像古代的鼎，厚三分，爐口上的邊緣九分，爐多出的六分向內。這爐子又是題字，又是畫卦又是作畫的，還用各種花紋裝飾，這是普通的爐子麼？這是尚方寶爐啊！不僅能拿來燒火，擺在那還是件工藝品，估計還能驅邪避瘟呢。

後面朝代的文人雅士對爐子的介紹就很少了，

臞仙（明代朱元璋第十七子朱權）云：「古之所有茶灶，但聞其名，未嘗見其物，想必無如此清氣也。予乃陶土粉以為瓦器，不用泥土為之，大能耐火。雖猛焰不裂。徑不過尺五，高不過二尺餘，上下皆鏤銘、頌、箴戒之。又置湯壺於上，其座皆空，下有陽穀之穴，可以藏瓢甌之具，清氣倍常。」

朱權說古時那些火爐只聽過名字，沒有見過實物，他覺得那些泥爐子沒有清氣，於是改用陶土粉（估計是燒造瓷器的高嶺土一類）做火爐，耐火性大大提高，猛燒也不會裂。

看似對爐子的改進到此為止了，但是聰明的古人又給爐子穿上了衣服——竹子。王友石的《譜》：「竹爐並分封茶具六事：苦節君（湘竹風爐也，用以煎茶，更有行省收藏之）。」想必博學多聞的你一定聽過那句「寒夜客來茶當酒，竹爐湯沸火初紅」吧。

一三九二年春，大畫家王紱因要醫治眼疾，住在幽靜的惠山寺聽松庵內。恰一日來了一位湖州竹匠，得知性海禪師和諸學士喜歡一起飲茶，便提出為寺院造一竹爐。王紱和性海禪師受古式所啟示，設計了一個底方頂圓的竹爐，外部以斑竹編織，內部塗堅實細泥，爐心以鐵柵分離。經過竹匠的巧手製作，一隻結構精巧的竹爐誕生了。」

（節選自《江南晚報》）

這一竹爐的出現可謂填補了古代精美茶具的一個空白，王紱和性海禪師常在惠山寺召集當地學者名流開辦雅集，小小庭院多次上演文人煮茶吟詩的風雅景象，這邊是無錫歷史上值得稱頌的竹爐雅集。清代乾隆皇帝對此鍾愛有加，南巡惠山時不僅為其題詩，賜「竹爐山房」匾額，並仿製竹茶爐帶回北京，在靜明園（今玉泉山）內仿建竹爐山房，加以收貯。

好了，下面總結一下，講究的古人若喝功夫茶，水最好要清輕甘潔的山泉水，炭要用無煙耐燒的（橄欖）炭，燒水壺頂好是用銀子的，火爐嘛就用惠山竹爐吧。工欲善其事，必先利其器。器具齊備，下面就開始燒水吧！

那麼水燒到什麼程度為宜呢？

中國茶文化史可簡化為唐煮宋點明清泡，不同時期伺候茶的方法完全不同，由此泡茶所需水溫也不太一樣。

先看唐代：

其沸如魚目，微有聲為一沸，緣邊如湧泉連珠為二沸，騰波鼓浪為三沸，已上水老不可食也。

——唐．陸羽《茶經》

陸羽不愧為茶聖，此三沸之論觀察入微，開煮水定湯之先河。

我們平時在家燒水基本就是電熱水壺按下開關，等它燒開後自己跳開就算大功告成，殊不知此水在陸羽看來已是老水廢湯，不能取用了。如果大家細心觀察，當水加熱到九十度左右就有沸騰的跡象了，這就是陸羽所指的「一沸」，壺中開始有一個接一個的氣泡浮現。再加熱到九十五度左右，就是「二沸」，邊緣有一串串的碎珠一樣的氣泡不停冒上來。再之後水溫升高，就變成騰波鼓浪一樣的「三沸」了。

唐人煮茶是在一沸時水中調鹽，二沸時舀出一瓢水同時在水中央攪出漩渦放入茶末，之後在到達三沸，有奔濤之勢浮沫濺出時用二沸舀出的一瓢水澆下去，謂之「育其華」。三沸之時間不容發，需要煮茶人眼疾手快，有條不紊完成整套動作。

接下來到了宋朝，流行點茶法，所製茶葉精細異常，所采原料想必是最為嬌嫩的茶芽一類，用類似蒸青法殺青後壓餅，用時要碾開羅勻製成抹茶，然後再注入熱水用茶筅打開。宋茶金貴，所用水溫相較於唐要低一些。如下所論：

余友李南金云：《茶經》以魚目、湧泉、連珠，為煮水之節。然近世瀹茶，鮮以鼎鍑；用瓶煮水，難以候視，則當以聲辯一沸、二沸、三沸之節。又陸氏之法，以末就茶鍑，故以第二沸為合量。而下末若以今湯就茶甌瀹之，則當用背二涉三之際為合量，乃為聲辯之。

詩云：「砌蟲唧唧萬蟬催，忽有千車捆載來，聽得松風並澗水，急呼縹色綠磁杯。」

其論固已精矣。然瀹茶之法，湯欲嫩而不欲老；蓋湯嫩則茶味甘，老則過苦矣。若聲如松風澗水而遽瀹之，豈不過於老而苦哉？惟移瓶去火，少待其沸，止而瀹之，然後湯適中而茶味甘，此南金之所未講者也。

因補一詩云：「松風桂雨到來初，急引銅瓶離竹爐，待得聲聞俱寂後，一瓶春雪勝醍醐。」

由上文可知，有個叫李南金的人說唐朝用鼎鍑煮茶，所以可以看出一二三沸水的區別，但宋朝用瓶煮水，瓶深口小，瓶中之水不容易觀察怎麼辦？用耳朵聽。水溫升高，開始時像蟲鳴像蟬叫，之後像千萬兩車賓士而過，等你聽到松濤聲和山澗流水的聲音時，就可用了。

但羅大經對此頗不認同，他認為點茶用水「欲嫩而不欲老」，水溫低點泡出的茶味道甘美，水溫過高茶就苦澀難耐了，像李南金那樣等到聲如松風澗水再用，就已是過老的水了。那該怎麼辨？應該在水燒到聲如「松風桂雨」的程度時，迅速把水瓶拿開遠離爐火，等到瓶中沸騰的水漸漸平穩沒有聲音，水溫稍降後再用。

蔡襄《茶錄》裡也說：「候湯最難。未熟則沫浮，過熟則茶沉，前世謂之蟹眼者，過熟湯也。沉瓶中煮之不可辯，故曰候湯最難。」水若沒燒開茶末就會漂浮，水燒得太老茶末就會沉在底，以前的人說水要燒到蟹眼（接近於一沸），這已經是燒得太過了。我們煮水用瓶看不到水，所以掌握水溫是最難的了。

再來看明代，明代的飲茶方式與現代一般無二，均是沖泡散茶，那時的人對燒水有什麼看法呢？

> 湯有三大辨十五辨。一曰形辨，二曰聲辨，三曰氣辨。形為內辨，聲為外辨，氣為捷辨。如蝦眼、蟹眼、魚眼、連珠皆為萌湯，直至湧沸如騰波鼓浪，水氣全

消，方是純熟；如初聲、轉聲、振聲、驟聲，皆為萌湯，直至無聲。方是純熟；如氣浮一縷、二縷、三四縷，及縷亂不分，氤氳亂繞，皆是萌湯，直至氣直沖貫，方是純熟。又湯用老嫩」條稱：「今時制茶，不假羅磨，全具元體，此湯須純熟，元神始發。」

——張源《茶錄》

對燒水的觀察鑒別再沒有比張源更細緻的了，不僅完善了唐朝的「形辨」，宋朝的「聲辨」，更進一步提出「氣辨」，根據燒水產生的水蒸氣來辨別水溫火候。張源認為他們那時的茶不經碾磨的工序，完好無損，所以水要燒到純熟（三沸及以上）才能激發茶的元神，完全泡開茶葉。

但許次疏則認為水還是應當用二沸為宜：「故水入銚，便須急煮。候有松聲，即去蓋，以息其老鈍。蟹眼之後，水有微濤，是為當時。大濤鼎沸，旋至無聲，是為過時。過時老湯，決不堪用。」

如果擱現在我就應該用新浪微博＠他們一下，讓倆大腕切磋一場了。

張源和許次疏不僅對燒水有講究，對搧火也有說法。古人用火爐燒水，需用扇子搧火的。張源認為「烹茶旨要，火候為先。爐火通紅，茶銚始上。扇起要輕緩，候湯有聲，稍稍重疾，斯文武火候也。若過乎文，則水性柔，柔則茶為水降；過乎武，則火性烈，烈則茶為水製，皆不足於中和，非茶家之要旨。」

搧風開始時輕緩，等到水燒到有聲響後稍稍加重加快，這叫「文武火候」。火性也講究個中和之道。

許次疏又不認同啦，他說：「沸速，則鮮嫩風逸。沸遲，則老熟昏鈍。故水入銚，便須急煮。」

水燒得愈快愈好，所以要急煮，估計搧風也要搧得迅猛點好。他和清代袁枚意見是一致的，

「烹時用武火，用穿心罐一滾便泡，滾久則水味變矣，停滾再泡則葉浮矣。一泡便飲，用蓋掩之則味又變矣。此中消息，間不容發也。」

其實這個觀點用現代科學解釋就是，水中含有二氧化碳氧氣等氣體，這些氣體隨著水溫的升高會逐漸從水中溢出，（也就形成燒開水後的氣泡了。）含氣量高的水富有刺激性，（極端如氣泡水。）用以泡茶茶湯會更加鮮活。水溫過高，沸騰過久水中氣體溢出，水就變得木口，用這樣的水泡茶無一可取。至於水是應該燒到一沸二沸還

是三沸，就要視茶而定了。

好了，大功告成，你能試著泡出一杯完美的茶了嗎？

⑤ 爲啥古人不愛洗澡？

文／白鷺青鷗

Q：現代人生存必備的十六字箴言是什麼？

A：喜歡就買，不行就分，多喝熱水，重啟試試。

Q：現代人解決壞心情的辦法是什麼？

A：收拾屋子洗個澡，吃頓甜品洗個澡。看個綜藝洗個澡，做做運動洗個澡。

對於現代人來說，沒有洗個澡不能解決的壞心情，如果有的話，那就洗澡的時候再認真按摩按摩頭皮。

但是！聽說！劃重點！其實我們的老祖宗提倡少洗澡？

大家都知道，我們中華民族上下五千年，勞動人民的智慧結晶閃閃發光指引著我們前進的方向，「古書有云」、「古話講」、「老祖宗曾經說過」、「你爺爺告訴我」……等句式安定而無處不在地包圍著我們的生活，老祖宗的智慧是經過考驗的智慧，所以，到底，洗澡這麼舒服舒適有益身心健康，老祖宗到底為什麼要我們少洗澡？

老祖宗說的話一般都有道理，所以，我們還是先來看看，他們到底是怎麼回事：

首先是白居易，寫了中學課本最長的兩首要背誦的七言的那位，宣導新樂府運動的那位，有個關係好到讓人「喵喵喵？」的基友叫元稹的那位，他是這麼說的：

經年不沐浴，塵垢滿肌膚。今朝一澡濯，衰瘦頗有餘。
老色頭鬢白，病形支體虛。衣寬有剩帶，髮少不勝梳。
自問今年幾，春秋四十初。四十已如此，七十復何知？

請注意，這寫的並不是賣炭翁，而是白大詩人本人。別人都是與親朋好友相別，數年不見，再見的時候感嘆，你變了，你老了，你瘦了。這位是不洗澡，不洗澡，不洗澡，再洗澡的時候發現，我變了，我老了，我瘦了。

這得是多久沒洗啊……

順帶一提，白大詩人與他的好朋友元稹同學，久別難見時的畫風是這樣的：

往來同路不同時，前後相思兩不知。行過關門三四里，榴花不見見君詩。

比因酬贈為花時，不為君行不復知。又更幾年還共到，滿牆塵土兩篇詩。

……

多麼偉大的友情，跑題了，我們繼續。

再來看看王安石，王宰相，一生懸命要變法的那位，不僅要變法還要搞詩文革新運動的那位，讓全天底下人都知道有個倒楣孩子叫方仲永的那位，他不愛洗澡，也是出了名的。

出名到記載進了《宋史》：

「性不好華腴，自奉至儉，或衣垢不浣，面垢不洗。」

另一本宋人的筆記《曲洧舊聞》中也禮貌地記敘了此事：

「王荊公性簡率，不事修飾奉養，衣服垢汙，飲食粗惡，一無有擇，自少時則然。」

還有東坡肉的創始人的爸爸，蘇洵蘇先生，也曾經對此事發表評論：

「衣臣攜之衣，食犬彘之食，囚首垢面，而談史書。」

……聽起來還挺洋氣呢。

所以，大文豪們都不洗澡，是不是好好洗澡就沒辦法做大文豪？麻麻我終於知道我為什麼考不到年級第一了！因為我太愛洗澡！

你的麻麻微笑著並掄起了鍋蓋。

但其實，古人不愛洗澡，這都是有原因的。

我們先來看看在他們眼裡，洗澡可能會造成的後果：

王（五八）悲憂驚恐。內傷情志。沐浴薰蒸。外泄陽氣。絡中不寧。血從漏出。

就算心情不好，洗個澡洗到驚悸神傷，七竅流血，也是厲害了。

這誰敢隨隨便便洗啊？

而且，按照中醫的說法，洗澡時毛孔張開，容易導致外面的歪風邪氣跑進來，身體裡的真元精氣跑出去，經常洗澡，人就要廢。清朝有個文人叫曹廷棟，他就覺得「盛夏亦須隔三四日，方可具浴」，並且還沉痛地告訴群眾「浴必開發全孔，遍及於體，如屢屢開發之，令人耗真」。

然後再說到，現在我們洗澡，是怎麼洗？

衣服一脫，壁掛爐一開，熱水嘩啦啦地澆下來，洗刷刷洗刷刷。

但是古人並沒有熱水器這麼好用的東西，平常的百姓要洗澡，可能連足夠容納整個人的浴桶都沒有，他們要砍柴，生火，燒水，還沒洗完水就涼了，然後再燒一壺，再燒一壺，再、再、再……

洗個澡折騰整個白天是尋常事，洗澡這件事，對他們來說也是「日出而作，日落而息」了吧。

看到這裡你可能又要說了，冬天洗澡，夏天沖涼，夏天不用燒熱水洗澡不費事的時候，也沒見他們努力洗澡啊，這不還是不愛乾淨嗎？

但其實並不是這樣的。

就算到了現在，夏天我們最頭疼的是什麼？

蚊子、蒼蠅、蟑螂……還有放在那裡因為高溫一眨眼就壞了的食物，還有沒過兩個小時就臭氣熏天的垃圾桶。

古代人生活的環境，江河湖海的水質是比現在乾淨，這個沒錯。但是我們現在所說的「不乾淨」是指工業污染，重金屬、垃圾等元素，說起寄生蟲說起細菌，古代人的水也並不比我們乾淨到哪裡去。

而醫療條件更不可同日而語。

現在我們得了個重感冒發個燒，退燒藥抗生素一吃，悶頭在被子裡發個汗，不說痊癒也好了一半。再了不得掛個水，周日病了都不耽誤週一上班。得了痢疾拉肚子，腸胃藥先跟上，然後去醫院打點滴解決一下電解質紊亂問題，舒腹達再一喝，止瀉幾分鐘的事。

但是在古人眼裡，得了痢疾染了風寒，跟現在人得了腦膜炎得了SARS、COVID19沒什麼區別，不一定會死，但是閻王要收人，那也是分分鐘的事。

所以不管冬天夏天，他們也不敢輕易洗澡，因為洗澡對他們來說，實在可能成為一道送命題。

古代人洗澡，如同現代人吃河豚，爽則爽矣，但也要承擔起繩命的重量。

不過，這只是從客觀條件角度來說古代人洗澡的不便利性，因為不方便所以少洗，這大概就跟我們現在因為公司離家遠通勤時間太長，所以想換個工作一樣。

但從另一個角度來說，古人其實是對「沐浴」這件事很重視的，甚至《禮記．玉藻》裡曾經專門為洗澡規定了一套流程：

日五盥，沐稷而靧粱，櫛用樿櫛，發曦用象櫛，進機進羞，工乃升歌。浴用二巾，上絺下綌，出杅，履蒯席，連用湯，履蒲席，衣布晞身，乃屨進飲。

你看看，人家官方禮儀教程裡說的，什麼叫真正的洗澡？要用淘稷穀的水洗頭髮，用淘高粱的水洗臉。洗完頭在頭髮還濕著的時候，要用白樿木的梳子梳理。但是等頭髮乾了、髮質較澀的時候，就要改用象牙梳子梳髮。洗澡的時候要用兩種毛巾，細葛巾用來洗上身，粗葛巾用來洗下身。離開浴盆後，要先站在蒯草席上，用熱水沖洗雙腳，然後才能踩在蒲席上，擦乾淨身上的水穿衣服。洗完之後，要喝點酒，吃點東西，最好再讓樂工表演一下歌舞，舒緩心情，恢復疲勞。

這看起來就很高級了，顯然不是一般人能洗得起的——但對於洗得起的人來說，可真是一種享受沒錯。

再比如子曾經曰過：「暮春者，春服既成，冠者五六人，童子六七人，浴乎沂，風乎舞雩，詠而歸。」

而《禮記．內則》裡也說：「男女夙興，沐浴衣服，具視朔食。」同在《禮記》的《聘禮》篇也曾提到：「管人為客，三日具沐，五日具浴。」「飧不致，賓不拜，沐浴而食之。」

歷史的車輪哐哐哐地前進，然後你看，那位本身不愛洗澡的白居易老大人也在〈長恨歌〉裡說：「春寒賜浴華清池，溫泉水滑洗凝脂。侍兒扶起嬌無力，始是新承恩澤時。」

唐代盛行溫泉之風，唐高宗、唐中宗、唐玄宗都曾寫詩讚頌溫泉泡浴的美妙，那時候的湯池也十分講究，甚至設有溫泉監，專人管理皇家湯池事務，你說官方重不重視？

再到宋元時期，公共澡堂開始在城市中盛行，前文提過的、被各位大文豪吐槽不愛乾淨的王安石王宰相，也有那麼幾個拚上老命也要拖他去洗澡的好朋友，王安石的兩位澡友，一位叫吳充，一位叫韓維，三人「每一兩月即相率洗沐定力院家」，這下就連老王也不得不去洗洗了。

愛上公共澡堂洗澡的，還有一位叫蘇軾的大文豪，亦曾深情寫作〈如夢令〉兩首，讚頌洗澡的舒適：

水垢何曾相愛，細看兩俱無有。寄語揩背人，盡日勞君揮肘。輕手，輕手，居士本來無垢。

自淨方能淨彼，我自汗流呵氣。寄語澡浴人，且共肉身遊戲。但洗，但洗，俯為人間一切。

待到明清時期，洗沐已經徹底成為市民生活的一部分，小說、笑話中紛紛描述洗浴的場面，比如著名文學批評家金聖歎，拜訪朋友時被對方用「在洗澡呢」這個理由拒絕，他不死心，又問「那你兒子呢？」，主人家說「我兒子睡了」，於是大批評家感嘆道，你們家真慘啊，你還在牢裡沒出來，你兒子就又要進去了。（乃尊尚在獄中，乃郎又為罪人耶！）

這告訴我們，不要得罪文人的。

當然也告訴我們，洗澡是個很麻煩的事，能用來當做推辭別人拜訪的理由，而且洗澡也是個很重要的事，就算麻煩也得洗。

餓了就要吃飯，睏了就要睡覺，身上髒了就要洗澡，這是人類欲望的本能，是生活中最應該被首先滿足的那部分。

所以活在當下，有什麼不開心的呢？你看，你現在想洗澡就能洗澡，不用為了洗個澡就準備一天，不用冒著這可能是人生中最後一次有命洗澡的危險。

把水調得熱熱的，放起自己喜歡的歌用起自己喜歡的味道的沐浴乳，舒舒服服地洗個澡吧。

轉天睡醒，太陽升起來，就又是新的一天了。

⑥ 日落而息？NO，看看古人精彩的一天吧

文／求盛飯

各位觀眾，晚上好！

今天是萬曆十六年三月初三，歡迎收看大明新聞聯播。

今天節目的主要內容有；

萬曆皇帝朱翊鈞在先農壇舉行「親耕」儀式，定國公徐文璧主持儀式。

內閣首輔申時行召開朝廷常務會議，聽取民間經濟發展情況，要求不斷深化改革，調動民間投資積極性。

都察院御史第二六四次巡撫巡按各地工作會議召開，左都御史吳時來出席並講話。

現在請看詳細報導：

今天的首都北京，藍天白雲，風和日麗，先農壇雄偉壯麗，辰時，萬曆皇帝朱翊鈞一行人來到先農壇，隨著定國公徐文璧的一聲「開始」。

萬曆皇帝朱翊鈞左手執鞭，右手扶犁，在兩名耆老的攙扶下，在田裡步行三次，戶部尚書宋纁撒種播種。

民以食為天，中國是農業大國，代表著世界先進生產力，皇帝親耕儀式在全球具有重要意義，是人類生存保證的重要儀式。

今天上午巳時，內閣首輔申時行召開朝廷常務會議，聽取民間經濟發展情況，吏部尚書楊巍、兵部尚書王一鶚、戶部尚書宋纁、工部尚書石星等參加會議，申時行發表重要講話，他表示，民間資本主義經濟萌芽的出現不僅符合明朝人民的根本利益，推進了大明的經濟發展，也有利於亞太地區乃世界經濟的穩定繁榮。

下面插播一條剛剛收到的消息：

三朝元老，久經考驗的優秀的大明名臣，民族英雄、軍事家、軍事著作家、文學家、詩人、現代化軍事改革發起人戚繼光同志，因病醫治無效，於萬曆十五年十二月十二日，在登州衛家中，卒，享年六十歲。萬曆皇帝朱翊鈞、內閣首輔申時行、吏部尚書楊巍、兵部尚書王一鶚等送去挽聯，表示深切悼念，並對四位夫人表示慰問。

戚繼光同志前半生在南方東南沿岸抗倭，掃清倭寇，後半生鎮守北方重鎮薊州，使得胡馬不敢踏入中原半步。

南北驅馳報主情，江花邊月笑平生。
一年三百六十日，多是橫戈馬上行。

正是他一生真實的寫照，為了紀念戚繼光同志，朝廷決定將戚繼光的生辰定位民族自強日（法定假日，放假一天哦！）。

都察院御史第二六四次巡撫巡按各地工作會議召開，左都御史吳時來表示，我們要保持士大夫的純潔性、先進性，本著懲前毖後、治病救人的原則，懲治腐敗，杜絕腐敗等問題。會議點名批評了宣府總兵李如松。刑部尚書李世達、大理寺卿孫鑨等出席會議。

朝鮮、琉球、烏斯藏、哈密等國使節入貢，禮部尚書沈鯉舉行歡迎儀式，隨後各國使節依此朝貢。

近日，一夥惡勢力流竄於白山黑水之間，經調查匪首為建州酋長，遼東巡撫表示一定徹底剷除這股惡勢力。

下面請看本台推出的系列報導，《大明名人傳》：

黃河是我們的母親河，她孕育了我們中華文明，可是母親每月總有不舒服的幾天，那幾天她脾氣暴躁，給她的兒女造成了很大的困擾。

水利專家潘季馴發明了「河道緊縮法。」解決了母親河的煩惱。黃河之所以為害，是因為河沙淤積，河道不通，對於這一點專家們都無異議。但是解決方法出現了兩張截然不同的方案，有人建議加寬河道，他們認為河道寬則水流暢。潘季馴則認為河道寬則流速小，則河沙沉底的機率愈大，長年累月，河床就愈積愈厚。他主張，應該選擇重要的地段把河道收緊，同時把附近的清水河流用人工疏鑿引入黃河，以增加河水流速，這樣可以不需要經常疏浚而「自浚」。他總結為八字箴言「建堤束水，以水攻沙」。事實證明，潘季馴的主張是正確的。

他在工作環境極其艱苦，又無財政支持的條件下，攻克各種難關，打破行業壁壘，經過多次親身實驗，終於完成了這項利國利民的工程，填補國內外該領域的空白。

談起這項工程，潘季馴無不動情的回應道。

「難呀，太難了，尤其是……」他停頓了一下，「想老婆，我三過家……」（馬上切畫面）

為勞動智慧點贊，為科研精神點贊，接下來我們還要為百姓自主就業點個贊。

家住湖北蘄春縣蘄州鎮東長街的李老漢，自從太醫院退休以後，他沒有要求朝廷發放自主就業金，他發揮所學，先後到武當山、廬山、茅山、牛首山及湖廣、安徽、河南、河北等地收集藥物標本和處方，並拜漁人、樵夫、農民、車夫、藥工、捕蛇者為師，參考歷代醫藥等方面書籍九百二十五種，考古證今、窮究物理，歷經二十五個寒暑，決心要寫一部曠世醫藥著作，雖然他還沒有完成，但是我們相信他一定會寫出來的。

具體報導，請看本台戌時三刻推出的《懸壺濟世——李老漢傳奇》。

下面請看國際新聞。

當地時間上午八點，西班牙無敵艦隊舉行誓師大會，他們準備出征英倫三島。今後，我們將持續報導戰事情況。

本次大明新聞聯播播送完了，感謝觀眾朋友們的收看，再見！
再見！

7 古代人用什麼來洗頭？

文／蔓玫

身體髮膚，受之父母。頭髮跟隨古人一生，其重要程度等同於現代我們講的第二張臉。

早在東漢時期的《說文解字》中，就有詞條專門說明洗頭：沐，濯髮也。

在商周時期，定時沐浴已經成為重要的儀式或風俗。《詩經．小雅．采綠》中也曾提及：

終朝采綠，不盈一匊，予發曲局，薄言歸沐。（老娘頭髮都打卷了，我要回去洗個頭！）

到了秦漢時期，已有了「三日一洗頭、五日一沐浴」的習慣。（《禮記》：「三日沐，五日浴」，）

洗頭分三個步驟：浸濕、打泡泡搓、沖水，看似簡單的程序中，潛藏著古人無限的智慧。

最先被發明的洗髮水，其主要作用：（一）去除油脂（脂肪酸）、灰塵及頭屑，（二）防止脫髮，保持頭髮烏黑順澤……

在洗頭的專業領域，古人的創新精神十分值得我們學習，經過數百年的積澱，各類洗髮護髮物品層出不窮。下面，讓我們進入科普時間。

皂莢亦稱皂角，豆科植物，直至如今《中國植物志》裡仍記載它「莢果煎汁可代肥皂用以洗滌絲毛織物」，其實頭髮也相當於絲毛，只不過絲毛織物是動物毛，而頭髮是人的毛。皂莢之所以這麼好用，是因為其中含有的多種大量皂苷類物質：皂苷的化學結構中，由於苷元具有不同程度的親脂性，糖鏈具有較強的親水性，使皂苷成為一種表面活性劑，水溶液振搖後能產生持久性的肥皂樣泡沫。一些富含皂苷的植物提取物被用於製造乳化劑、洗潔劑和發泡劑等。

其次就是草木灰，晉《肘後備急方》裡說的「以灰汁洗淨鬚髮」，這在古代相當於最便宜廉價的洗髮水了，不僅可以用於洗頭髮，還可以用來清理物品、洗澡。一方面因為草木灰裡含有碳酸鉀——溶於水後呈鹼性，可與油脂類反應；另一方面類似活性炭，也有吸附汙物的功效。但草木灰似乎更多被作為輔材，配合皂莢、木槿葉等一起使用，畢竟大量使用容易嗆鼻子……

而木槿葉作為錦葵科植物，木槿和它的姊姊妹妹一樣含有豐富的黏液質和皂苷。原理上和皂莢近似。但皂莢為人不喜的一點是其氣味刺鼻，而木槿葉卻舒爽清香，相比之下更見可愛。現在江浙一帶還有老人家這麼用。

最為傳統的方子，是用淘米水或發酵米湯來洗頭髮。

先秦的《禮記》裡就提到用淘黍米湯洗髮，用淘粟米湯來洗臉。晉人注《左傳》裡的「遺之潘沐」也指出「潘，米汁，可以沐頭」。至於微微發酵變酸的米湯，那時候叫作「漿水」或「泔汁」，也是經常用來洗頭的東西。包括但不僅限於大米、麩皮、糟糠、豆類之流似乎都是可用之材；亦可發酵、煮沸後再行使用，各自叫法也很多。種類與使用者的身分地位、家境有著不可忽視的關係：

《禮記》裡就有秦漢時期貴族士大夫洗漱的相關描述：「日五盥，沐稷而靧粱，櫛用樿櫛，發晞用象櫛。進禨進羞，工乃升歌。」

別的且不理他。前面已提到「沐」為洗髮，「稷」則被認為是「取稷粱之潘汁用」，即洗滌穀米、高粱後留下的水。

而且在《史記·外戚世家》中也有關於洗髮水的記載：漢文帝的皇后竇氏少年時家中貧困，年幼的弟弟被人販賣去，離別時竇氏向鄰家討來洗米水為他洗頭，寄託深情……可見淘米水在古代洗頭界的地位之高。

相較於淘米水，油茶、茶樹種實榨油後留下的殘渣也可以用於洗頭，但多在民間使用，畢竟茶樹這種東西是需要因地制宜的。茶籽油的運作機理也類似皂莢皂苷，但更勝在護髮養發。如今有些洗髮水還以它們為明星成分宣傳……但獲取起來便不太容易，畢竟是二次加工產物，恐怕古人也是本著物盡其用的心態拿來使用的吧。

關於芝麻葉的用處是來自明朝郭晟的《家塾事親》裡提到：

「脂麻葉，湯浸涎出，婦人用梳頭沐發去虱。」

脂麻即芝麻，據稱部分中醫典籍裡也有記載可以使頭髮烏黑潤澤之效。可能在那個時候，古人已經再為保養頭髮、防脫髮做了打算！

另外還有《攸縣誌》裡所提到的柏葉/桃枝：「七月七日，婦女采柏葉、桃枝，煎湯沐發。」

柏科植物普遍含芳香油，可作殺菌之用；作為洗髮材料，想來也多半是源自這方面的功效。

其他一些類似蛋清、首烏、生薑之類，廣為人知，且更像是護髮素（養護功能、清潔功能）的，便不贅述了。

其實，肥皂之類的東西我們也挺早就有了。唐朝孫思邈《千金翼方》中已有關於「澡豆」的記載，即是以豆科植物種子研磨粉末，搭配各色香料製成的原始版肥皂。不過用來洗臉洗身體比較多……賣點在於白裡透紅香氣撲鼻什麼的。

及至清朝的紅樓夢，洗髮用品已經很全面了。

> 襲人道：「我要照看他那裡不照看了，又要他那幾個錢才照看他？沒的討人罵去了。」說著，便起身至那屋裡取了一瓶花露油並些雞卵、香皂、頭繩之類，叫一個婆子來送給芳官去，叫他另要水自洗，不要吵鬧了。

順便說一句，回到頭髮出油的問題，光是從酸鹼中和的角度來說，或許尿液洗頭也是可以達成一定效果的吧……

8 防僞標識?!古人早就有了!

文/白斬雞

如果有人問起古代的錢幣是什麼樣的,你也許第一反應便是「銀子」。

看過古裝電視劇的人大多都對古代錢幣有些印象,買便宜的物品用銅錢,即說「多少文」,稍微貴一些的,用銀子,常以「兩」做單位。穿越是故事裡的戲碼,具體的一文錢、一兩銀子到底相當於現今的多少元錢我們已經無法確切考證,但也並非不能推算。

曾有人提出過用大米來進行換算——計算在古代與現代購買等量的大米需要的金額數對比,得到的結果是古代一兩銀子大約相當於現在的幾百至上千元。不過由於古代各個朝代、甚至同一朝代各個時間與地區的大米單價都不盡相同,再加上過去土地畝產量低、大米更為珍貴,因此相對的,一兩銀子對應的人民幣數額可能會更高。

當然了,我們的目的並不是研究古代銀兩與它當下對應的金額,上面的例子只是為了說明，其實銀子比我們想像得要更加值錢。對許多普通百姓來說，銀子或許就是他們人生中能夠用上的最大單位的錢了。

那麼，銀票呢？銀票在古代的貨幣系統裡處在什麼樣的地位？

歷史課本裡講過，中國最早的銀票是北宋出現的「交子」。這麼一看，其實銀票出現的時間挺晚的，並且出現的原因與廣大的普通百姓沒什麼關係。

最早的交子其實是一種存款憑證，而不是貨幣。那時候社會上出現了叫做「交子鋪戶」的店，很像現在的銀行，面向不方便攜帶鉅款的商人提供保管現金的服務。商人將錢存入店子，店子給商人開具一張憑證，說明對方在店裡存有多少金額，同時收取一定的保管費作為店鋪的盈利。

漸漸地，商人們發現交子使用起來非常方便，只需要一張簡簡單單的紙，就可以免去搬動N箱銀兩的麻煩，於是，這樣的交子鋪戶愈來愈多，並有不少人聯合起來開始在全國開設分店。一來二去，這種良性的循環影響使得交子在人們心中的信譽愈來愈高，統一的面值與範本讓交子向著貨幣的方向演變，直至北宋仁宗天聖元年（一〇二三年）正式走進時代，政府設立益州交子務，正式發行交子。

不過交子作為紙幣的出場，並沒有停留太久。嚐到了發行紙幣的甜頭，宋朝政府就停不下來了。為了解決財政危機，國家開始大量超額發行紙幣，結果導致交子在市面上氾濫，迅速貶值，造成通貨膨脹，引起百姓的不滿。後來，眼見交子失去了價值，宋朝政府就把「交子」改成了「錢引」。

但只是換了裝的「錢引」依舊沒能逃脫貶值的宿命，後來的會子亦是如此。

宋朝滅亡之後，元朝邁入歷史的洪流中。作為中國古代史上紙幣最輝煌的時代，銀錢被禁用，中統元寶交鈔和至元通行寶鈔是當時被允許全國流通的貨幣，面額以文和貫為單位，文由十到百不等，而貫只計一二，一直使用到元末。不同於混亂的宋朝，在當時只要手持銀票，便可以真正實現走遍天下而不用擔心了。

而明清則又與元朝不同，紙幣彷彿輝煌了一陣之後就又被打入了冷宮，慢慢地銷聲匿跡了。明朝稍微好一些，恢復了銀錢的使用，紙幣並行。當時官方指定的銀票是大明通行寶鈔，面積史無前例的大，足有約三十釐米長、二十釐米寬，放到現在，這個大小相當於一本小開本的書了。後來，像是逃不過命運一般，同樣是由於通貨膨脹，在正德年間就被廢止。到了清朝，紙幣又一步衰落，咸豐時期政府發行過兩種紙幣：戶部官票與大清寶鈔。和之前不同的是，戶部官票則以銀兩為單位，這倒是與我們所熟知的銀票非常相似了。不過由於清朝對待銀票的發放太過謹慎，只是為了解決財政危機，因而發行了不到十年便停止了。

縱觀前後歷史，其實你會發現紙幣好像並沒有我們曾以為的那樣普遍，也並不會像電視裡演的那樣隨隨便便就能掏出一張想要多大就能有多大面額的，如果真有，那說不定是碰上古代的假冒偽劣產品了。

不過說起假冒偽劣，這個問題倒是值得說一說。這世上，有真就會有假，任何時代都會有那麼些喜歡「投機取巧」的人，偽造錢幣帶來的好處絕對是具有誘惑力的。元朝官員許衡就很機智地點明：「奸民不期於偽造，而自不能不偽造，雖製以死刑，不能絕也。」

不過，古代人民的智慧是無窮的，既有人有能力偽造，就一定也有人有能力防止偽造。那麼，古代銀票怎麼進行防偽處理的呢？

首先，最簡單粗暴的方法就是對偽造的人進行處罰。古往今來，不論是面對什麼境況，這種應對措施的成效都是非常顯著的。我們知道在現代，製造假幣被抓獲是要坐牢與罰款的，然而放在古代，那可就是掉腦袋的事。

如果你打算在宋朝偽造交子，一旦被發現，等待你的可能就會是絞刑。並且隨著交子在社會上的適用範圍愈來愈廣，相應的防偽懲罰也就愈來愈完善，除了偽造本人之外，知道有人造假不報的、轉用這些假錢的人、還有對紙幣監管不力的官員，也都會受到相應的處罰。

如果到了元朝，那情況可能還更糟糕一些。因為元朝整個國家基本上就是以紙幣為流通的貨幣的，所以對此的法律只會更加完善。《元史》與《元典章》裡都有白紙黑字的關於偽造紙幣的各種情況的處罰，基於不同的偽造情況來設置不同輕重的懲罰方法，例如直接用雕版製作假幣的人與利用真鈔挑補偽造假幣的人的處罰不同，前者比後者的處罰就要嚴重得多。

《元史．刑法志》記載：諸偽造寶鈔，首謀起意，並雕板抄紙，收買顏料，書填字型大小，窩藏印造，但同情者皆處死，仍沒其家產……挑剜裨湊描改寶鈔，以真作偽者，初犯依例杖一百七下，徒一年，再犯斷罪流遠。

從另一個方面來看，我們都知道古代在一些特殊的情況下皇帝為了彰顯恩德會大赦天下，不少罪犯的罪行會被赦免。但是在元朝，即便是這種情況，偽造紙幣的犯人與殺人犯一樣，也都是不能被赦免的，足以說明偽造假幣在當時是特別嚴重的罪行，警醒著百姓不要隨意動這樣的念頭。

同樣，明朝也有類似的規定，凡是偽造紙幣的人，不分主從犯，沒得商量，一律處斬。

其實如果有機會看到真正的古代的紙幣的話，就會知道這些刑法並不是說說而已。那時候為了強調偽造紙幣的後果，政府還專門把字印到了幣面上，大概就是「偽造者處死，首告者賞鈔五錠，仍給犯人家產」。試想一下，如果你手裡的每一張毛爺爺上都寫著這樣的話，估計拿著錢都該瑟瑟發抖了吧。

不過當然，有懲罰必有獎賞。懲罰是針對那些妄圖觸犯法律的人，獎勵就是對不辭辛勞兢兢業業幹活的執法者的鼓勵。宋朝有對查獲假幣的官員的獎勵，元朝對此的獎賞制度更是精細，分門別類列舉了各種詳細的情況，獎金也不俗，甚至還出現了有官員為了領賞專門製造冤假錯案的情形。

其次，另一種防止百姓製造假幣的方法是規範鈔紙。這一點在宋朝的交子身上體現最明顯。

南宋發行會子的時候，採用的是每三年回收一次的方法，由國家統一回收舊的會子，並發行新的。同時還設置了抄紙院，招收專門的人員統一管理，整個程序非常嚴謹，即所說的「置抄紙院，以革偽造之弊」。

額已經遠遠超出了當初發行的……呃，這就很尷尬了，當年的真鈔只有這麼多，三年之後難道還錢生錢了？於是有官員就非常犀利地指出，這都是不規範用紙來源的鍋！《宋史．食貨志》記載過一個故事，有一年收舊換新的時候，發現回收的會子數

最開始造錢的時候用的是川紙，不僅紙品好，工藝也棒，百姓想要做假鈔那是很難的。可是後來慢慢的，從川紙變成川杜合用，現在全部用了杜紙，這種紙不如川紙精貴，自然仿造的人就多了，導致出現了這樣的局面。所以說，想要防偽，除了立法懲戒之外，更重要的是添加紙料、精細工藝，讓那些人沒辦法仿造。這也能夠說明，選擇難以仿造的紙張對於防偽也是非常有效的。

再者，在紙幣上寫各種語言的字、蓋各種複雜的官印也是防偽的方法之一。元朝的紙幣上書寫了漢子與八思巴文。八思巴文是一種蒙古文字，由忽必烈時的國師八思巴創造，這種文字寫在鈔票上普通百姓都不一定認識，想要仿造還得「鬼畫符」一樣模仿，很容易露出馬腳，再加上鈔票的上下方以及背面還都蓋有官印，因此也能在一定程度上加大偽造的難度，打消偽造者的積極性。清朝的大清寶鈔亦是如此，雖然發行時間很短，但是依然十分嚴謹，除了書寫滿文與漢文之外，還蓋有騎縫章的官印，

即將多張紙幣合在一起蓋上同一個章，類似當今合同檔的保存與防偽，更加大了偽造難度。

除上述之外，古代還有設置套印與暗號的防偽技術。史書記載：「大觀元年五月，改交子務為錢引務，版鑄印凡六：曰敕字、曰大料例、曰年限、曰背印，皆以墨；曰青面，以藍；曰紅團，以朱。」就說明宋朝在發行交子的時候，針對不同的書寫內容規定使用不同的顏色印刷。又有書載：「印文用屋木人物，鋪戶押字，各自隱祕題號，朱墨間錯，以為私記。」講的就是利用圖案和隱藏的記號來進行防偽，當圖案愈複雜，偽造紙幣所需要的工序就愈艱難，不少動歪腦筋的人便因此而心生退縮。

古代百姓與官員的「鬥智鬥勇」可謂是非常準確地說明了「上有政策、下有對策」這句話。漫漫長河中，紙幣的存在雖然是曇花一現，它的繁榮不過只掀起了一層漣漪，但就是這一層漣漪，卻對現代社會投射了巨大的影響。當你翻開手邊的錢包拿出鈔票，會發現現代的防偽方法其實與過去在根本上並無太多不同。

因為我們站在古人的肩膀上，模仿他們驚為天人的創造，吸取他們曾犯錯積累的教訓，踏著時間的腳步突破當下，然後成為歷史，也許許多年之後，有人站在世界的更前方回頭來看我們，會再寫一篇「古代銀票怎麼進行防偽處理」也說不定呢。

9 古代有專門的科舉考試培訓機構嗎？

文／清月夜

填資料。

填資料。

填資料。

三天後準備再戰司法考試的你接到了電話。

「您好，請問是×小姐嗎？我們這裡是××××教育機構，一線的師資，優質的教學，熱情的服務，已成為考生口中的放心好品牌，現在加入我們的一對一輔導，保證您今年司法考試高分飛過，成為知名律師，拿下驚天大案，從此走上人生巔峰……」

這年頭有需求就有市場，有考試不過就要死了的就有高價賣答案的，再不濟，也有一對一名師輔導的培訓班，針對學生薄弱環節重點教學，保過保高分，保你明年再來。

說起來比起現在三百六十行，行行出狀元，古代的科舉考試競爭不會更激烈嗎？畢竟你沒考中科舉，你就還得一輩子種地，然後很可能你兒子也只能種地，你孫子還在種地，有一個家裡有人在做官的地主把你家的地搶走了，然後你孫子和你孫子全家就只能給別人種地……

聞者落淚見者傷心，還是先拿個官做吧。

有沒有什麼《鄉試必中秘笈》之類的啊？

當然有啦。

說起我們比較熟悉的，《少年包青天》中，包黑子和他的好友公孫策所就讀的「天鴻書院」，就是很典型的科舉培訓機構。「天鴻書院」的主要任務就是針對科舉考試內容進行教學，至於出借場地死個把人，只不過是副業。

以書院、文社模式運行的考試機構，其實自隋代科舉制開始便應運而生，經歷了家世幾乎為唯一決定因素的九品中正制的洗禮後，「朝為田舍郎，暮登天子堂」的夢想鞭策著許多社會中下層的文人學子前進，頭懸樑錐刺股？不夠的不夠的，不進行針對性培訓，很可能就要輸在起跑線上。

而這種書院和文社，一般都由鄉紳起頭興建，就和現在的我們發了財回老家修路造學校一樣。而教師一般都是致仕的中榜者，或者當地有名氣的學者，聘請教師的工資待遇也十分可觀，比如南宋的「明道書院」，山長（相當於現在的某系某學院院長）的月俸為一百貫，每天還有七百文的伙食補助，再加上學生的紅包饋贈……要知道當時一個宰相的月俸，也不過是三百貫錢而已。

另外宋代還有一位知名的科舉培訓機構經辦人，叫做呂祖謙。其人和朱熹、張栻齊名，並稱「東南三賢」，在當時的科舉培訓中的地位相當於現在的俞敏洪，而且這人的治學方針也不錯，強調看書學習並不要「徒觀文采」，而是要領悟書中的君臣大義和治國良策。在《麗澤書院學規》裡也規定學生「毋得互相品題，高自標置，妄分清濁」，教讀書也教做人。甚至他身為吃科舉培訓這碗飯的人，同時提倡不應把中舉作為讀書的唯一目標，即「人能以科舉之心讀書，則書不可勝用矣」。

不過這位呂老師後來出了一本黃冊子，類似於《考前九十天衝刺》，專門教導學生如何針對考試拿高分，這種行為被當時的人寫詩諷刺，是為：

扶輿播清淑，何代不毓才。森森萬壑松，盍厚拱把培。

蒙養正性存，臨教大義開。嗟哉古道息，習氣少已乖。
區區黄冊子，所事惟奪魁。戶庭且得色，斯文何望哉。

以文人吵架不失斯文來說，這話其實已經說得很尖刻了，也難怪呂老師看到這本書後很失落，甚至到最後，放棄了針對科舉進行考前輔導這條路，專心教書育人……但是學生再也不來了。

而也正是在宋朝時期，書院大盛，如今的「應天書院」、「嵩陽書院」、「白鹿洞書院」、「石鼓書院」都是在宋朝起始盛名。上面那位呂祖謙呂老師在他的《白鹿洞書院記》中就是如此說：

國初斯民，新脫五季鋒鏑之厄，學者尚寡。海內向平，文風日起，儒生往往依山林，即閑曠以講授，大率多至數十百人。嵩陽、岳麓、睢陽及是洞為尤著，天下所謂四書院者也。

多麼自豪，多麼驕傲。

而時至明清，隨著八股取士越來越瘋魔，科舉考試也越來越受到重視，知名清代言情劇本《桃花扇》中曾有一段書客蔡益所的自白：

> 在下金陵三山街書客蔡益所的便是。天下書籍之富，無過俺金陵；這金陵書鋪之多，無過俺三山街；這三山街書客之大，無過俺蔡益所。（指介）你看十三經、廿一史、九流三教、諸子百家、腐爛時文、新奇小說，上下充箱盈架，高低列肆連樓。不但與南販北，積古堆今，而且嚴批妙選，精刻善印。俺蔡益所既射了貿易詩書之利，又收了流傳文字之功；憑他進士舉人，見俺作揖拱手，好不體面……

這位蔡益所，就是個專門出書押題的，他後面還說，今年的鄉試，要根據錢謙益的理念進行文體改革，這相當於往年考試都讓你寫說明文，今年考試突然讓你寫議論文。這怎麼辦？沒關係，有老蔡，不擔心，老蔡已經聘請了時下最走紅的考試輔導專家，按照新題庫押題並出印範文，你們這些愚蠢的讀書人，只要買買買背背背就可以了。現在買書，還有老蔡特製初回版封面，封面上印著「風氣隨名手，文章中試官」，有加持考試的功效哦。

當然，科舉考試培訓也也不是包賺不賠的，搞不好，一條命搭進去都有可能。比如我們都很熟悉的，梁羽生《江湖三女俠》中的呂四娘，就是科舉考試賠命的受害者。雍正年間，湖南秀才曾靜上書陝西總督岳鐘琪，跟他說，岳老師啊，我覺得現在國家政治黑暗，求您造反。但人岳鐘琪是誰，從家世上說，人家是岳飛的二十一世孫，根正苗紅，精忠愛國是傳統。從他個人來說，他是幫雍正搞定年羹堯的大功臣，人家轉手就把這事情報告了皇帝，雍正嘛我們都知道，他可不是小說裡只會深情款款的四爺，人家一生氣不是海枯石爛，是地裂天崩，直接由此牽連出了那一出千古文字獄「呂留良案」。

這位呂留良呂老先生自開天蓋樓刻局，選刻時文，專攻程朱理學，評刊八股。雖然是明代遺民，不出仕清廷，但幹的確實也是為朝廷培養考試人才這回事。結果培訓著培訓著，可能是骨子裡那股「你們滿洲韃子都是狗」的氣質流露在了詩文當中，就培訓出了曾靜這麼個反清複明的憤青。

這事鬧出來的時候，呂留良其實已經去世了，但仍然免不了被剖棺戮屍的命運，所有著作付之一炬，子弟親朋廣受株連，雍正折騰了人家全家，氣還是不順，心想這培訓洗腦洗的，我得給洗回來，於是又出了一本《大義覺迷錄》，裡面除了論證我堂堂大清統治江山的正統性合理性之外，還收錄了和此案相關的審訊詞和口供，並且直接又在這本書裡噴呂留良說：

> 夫普天之下，莫非王土；率土之濱，莫非王臣。呂留良於我朝食德服疇，以有其身家，育其子孫者數十年，乃不知大一統之義！

真是怎麼也不讓人消停。

呂留良身後有知，大概並不會後悔自己辦了培訓機構，而是會後悔怎麼洗腦出來曾靜這麼一貨。

因為他把這事情鬧大之後，跟雍正認了。

陪著清朝大員滿江浙地跑，宣講批判呂留良的言論，最後被雍正無罪釋放，只苦了呂家。

當然後來，我們乾隆老哥也並不是只會寫詩和在文物上蓋章，他繼位之後，以泄臣民公憤為由，淩遲了曾靜。

這也算是遲來的報應吧。

而上文提到的呂四娘，民間傳說中便是呂家的孫女，最後雍正便是死於她的刺殺，而這位倖存的俠女在為爺爺報仇後飄然遠逝，留下了一段又一段民間傳說。

你看，古人過得其實和我們現在也沒什麼區別，照樣要白天上課晚上學習，週末還得再來個輔導班才能不落於人後，至於輔導班到底有多大作用？題型越死，輔導班越有用，唐宋之時，考試主要靠策問，考生試前只能努力研究一些時事問題，天文地理海事國防無所不包，到時候押到題你就賺了。但是等到明清時期，科舉考試改考八股，取題全部來自四書五經，而且連文體、聲調、文風都有限制，跟圈定了命題範圍的命題作文沒什麼區別，而且第一段寫些什麼，第二段寫些什麼……都是固定好的，閉眼寫總沒錯，會理解的不如會背的。

那位寫〈湖心亭看雪〉的張岱就曾說：「二百八十二年以來，英雄豪傑埋沒於八股中，得售者什一，不得售者什九。」

而另一位思想大家李贄也表示：「吾熟讀爛時文百餘首，進場時做一日謄錄生，便高中矣。」

大概八股取仕發展到最後的好處，就只剩下洗腦比較方便，和作弊比較容易了吧。

至於科舉考試如何作弊……那又是另外一個話題了。

Part 2

我勞動！我努力！我光榮！

1 彈琴？作畫？青樓的小姐姐們每天究竟幹啥？

文／沈浣

風塵這個詞原指紛亂的社會與漂泊的生活，充滿了風與塵的地方當然動盪而不安。

再之後，人們才開始用這個詞來形容娼妓，稱她們為風塵女子。

顯然，這個稱呼也從側面反應出了她們生活的動盪與不安。那麼她們的生活和工作到底是怎麼樣的呢？

其實，古代民間的娼妓主要是分為市妓和私妓兩種的。顧名思義，市妓就是有官府認可的娼妓，而私妓就是沒有登記過的娼妓啦，她們沒有官府的認可，出於各種各樣的原因只能私自為他人提供服務。簡單來說，這兩種的區別就在於有沒有官方的認可了。按現代的術語來說，市妓可以算作有照經營，那麼，私妓就是無照經營了。一般來說，我們常常在影視作品中聽說的一些青樓和教坊就屬於官方認可的有照經營。

隸屬於這些教坊青樓的女子一般都是由教坊一手培養而成的，她們經過專業的訓練，有更高的文化程度與更高的才能。而私妓地構成就更加複雜了，她們的文化水準與才能各不相同，生活水準也由情況而定，很難對她們一概而論。相比之下，市妓的生活就比較典型了。所以接下來作者就主要以市妓為例啦。

現在我們一般會將青樓和妓院打上等號，但其實這兩個地方是並不能完全對等的。一般被稱為青樓的，是較為豪華精緻的上等妓院，我們在很多文學作品以及影視作品中耳熟能詳的「怡紅院」等等就屬於這一類。青樓女子們一般為才藝雙絕的藝妓，她們的服務對象的階級更高，服務方式也不僅僅於「色」，更多的是琴棋書畫，以滿足顧客的雅性。而相對簡陋的普通妓院或者下等妓院，則一般被稱作「窯子」或者「勾欄」。隸屬於下等妓院的女子就沒有這麼好的運氣了，她們的通常只提供一種服務，生活的環境也比較簡陋。不過不管是上等妓院，還是下等妓院，下面三個部分都是必不可少：

一是管理者，也就是我們常說的「老鴇」，她們一般負責管理、調教青樓內的女子。

二是輔助人員，一般為男性，我們稱之為「龜公」或「大茶壺」，他們一般負責打雜，比如端茶送水、打掃衛生，同時也有點像是保鏢，維護著青樓內的秩序。

最後就是主要的工作人員，妓女本身了。

我們都知道，不管是販賣貨物還是出售食物，任何事業經營的過程中，管理者和輔助者都是必須的。沒有管理者和輔助者，事業很難步入正軌。青樓中的管理者和輔助者也是如此，沒有他們，青樓是無法維持正常秩序的。他們不僅管理著青樓女子們，同時也照顧著她們的生活。那麼，這些女子的生活到底是怎麼樣的呢？她們每天到底穿什麼樣的衣服？她們到底住在怎麼樣的地方？她們平常又是怎樣出行的呢？下面就讓我們詳細地瞭解以下吧！

其實青樓女子這個群體本身呢，其實也存在著等級之分的。那些盛名在外、富有才情的女子，可以算作上等的娼妓，她們可以接觸到很多知名的文人士子，因而衣食住行也比尋常的青樓女子要優渥很多很多，在某些朝代，她們甚至比尋常富貴人家的生活還要奢華。例如，宋代時，官方曾經多次下令禁止銷售含金的衣物和帶有翠羽的首飾，但當時仍有許多青樓女子穿戴著這樣奢華的衣物和首飾。

《夢粱錄》在卷二諸庫迎煮中記載：「其官私妓女，擇為三等，上馬先以頂冠花衫子襠褲，次擇秀麗有名者，帶珠翠朵玉冠兒，銷金衫兒、裙兒，各執花斗鼓兒，或捧龍阮琴瑟，後十餘輩，著紅大衣，帶皂時髻，名之『行首』。」劉過也曾今作詩云：「襯玉羅慳，銷金樣窄，載不起、盈盈一段春。嬉遊倦，笑教人款撚，微褪些跟。」

從「珠翠朵、玉冠兒」，「銷金衫兒、裙兒」、「銷金樣窄」等等都可看出當時上等青樓女子穿著到底有多奢華了。而普通的青樓女子，雖然沒有穿金戴銀，但她們的穿著也各有各的特色。《板橋雜記》記載：「沙才……長指爪，修容貌，留仙裙，石華廣袖，衣被燦然。」「王節……甘淡泊，怡然自得，……，有荊釵裙布風。」可見有的女子喜歡穿著豔麗，也有的女子著裝樸素，她們的著裝還是比較自由的。

上等青樓女子的居室和內部裝飾也較為精緻。從眾多記載中可見，古代的中高檔青樓的環境其實已經非常偏向園林化了。淡雅、精緻是這些青樓內部裝飾的主要特點。歐懿詩云：「月晃金波雲滿梳。素娥何事下天衢。翩翻舞袖穿花蝶，宛轉歌喉貫索珠。簾悲翠，枕珊瑚。錦衾水簟水紋鋪。春光九十羊城景，百紫千紅總不如。」從中我們可見青樓內部裝飾的精細與別致。《板橋雜記》又有：「淚秋，南都名妓也……卜居情淮舊院，後臨水榭，垂枣花簾，房櫳幽靜，清雅絕塵。」後珠泉居士所作的《續板橋雜記》也有：「（王四）所居月波水榭，綺窗錦幕，不染纖埃，幾榻遵彝，位置俱極楚楚。」所以說，高等青樓女子的居所並不那麼富麗堂皇，反倒很是雅致而清淨。一方面，這樣的設計自然是為了讓各種文人士子滿意，包裝對顧客來說還是非常重要的。另一方面這氣勢也折射出了青樓女子們墮入風塵後的無奈與掙扎，她們無法改變自己的現狀，就只好改變自己的內部環境了，她們試圖追求潔淨與雅致，以此來保持心靈的清淨。《板橋雜技》：「南市者，卑屑妓所居」。這裡的卑屑妓指的就是那些地位比較低下的女子，她們所在的勾欄、窯子則一般坐落在平民區。這些妓院就通常沒有青樓那麼高大上了，他們可能和一般平民的居所類似，甚至可能比一般平民的居所還要簡陋……

青樓女子們也不是一味地待在青樓裡不出門走動，她們偶爾也會出門的，她們出行的時候一般會坐轎子，《武林舊事》中就曾經記載，青樓女子在答應別人的邀約是要乘坐轎子出門，這被稱為「過街轎。」《宋會要輯稿》有：「今京城內暖轎非命官至富民、倡優、下賤、遂以為常。」說明宋朝的時候，青樓女子坐轎子出門是常態。古代能夠在出行的時候乘坐轎子的人一般非富即貴，而青樓女子有此待遇，在那時候，已經是十分不容易的事情了。

對她們的生活有了一定的瞭解後，大家一定很好奇吧，她們需要掌握什麼技能呢她們的工作又是什麼樣的呢？

大多數青樓女子從小在教坊長大，要麼由老鴇親自教導，要麼由老鴇請專業人士教導。同樣是學習，這個過程卻比我們學習的過程痛苦多了。她們所要學習的科目主要有戲劇、唱歌、跳舞，老鴇們一般會請最好的老師來教授，因而這筆花費其實相當大了，如果不好好學習，後果會很嚴重的。

宋朝有詩歌是這樣寫的：「青樓女兒十五六，翠掠雲鬟妙裝束。千金學舞拜部頭，新來教得涼州曲。」是說十五六歲的青樓女子為了贏得富貴少年的迷戀，花費了重金向他人學習新的舞曲和新的舞蹈。可見歌舞是她們主修的科目之一，而除了歌舞，詩詞歌賦也是她們必修的科目之一。為了吸引文人雅士，很多青樓女子從小學習如何吟詩作對。知名的青樓女子蘇小小就留下過「妾乘油壁車，郎跨青驄馬，何處結同心，西陵松柏下。」這樣深情的詩句。

而從以下一些青樓女子的記載中，我們也可以大致看出她們是怎麼樣的人，會怎麼樣的技能：

尹春，字子春，姿態不甚麗，而舉止風韻，綽似大家。性格溫和，談詞爽雅，無抹脂鄣袖習氣，專工戲劇排場，兼擅生、旦。

李十娘，名湘真，字雪衣。在母腹中，聞琴歌聲，則勃勃欲動。生而娉婷娟好，肌膚玉雪，既含睇兮又宜笑，殆〈閒情賦〉所云「獨曠世而秀群」者也。性嗜潔，能鼓琴清歌，略涉文墨，愛文人才上。

顧媚，字眉生，又名眉，莊妍靚雅，風度超群，鬢髮如雲，桃花滿面，弓彎纖小，腰肢輕亞，通文史，善畫蘭，追步馬守真，而姿容勝之，時人推為南曲第一。

王小大，生而韶秀，為人圓滑便捷，善周旋，廣筵長席，人勸一觴，皆膝席歡受，又工於酒糾、觥錄事，無毫髮謬誤，能為酒客解紛釋怨，時人謂之「和氣湯」。

可見，身為一個風塵女子實在是不容易。若是只會以色侍人，那她們只能待在勾欄裡頭。可如若要成為上等的娼妓，就肯定得要有所長。要麼能歌善舞，要麼富有才情，要麼為人圓滑善於周旋，她們生在沒有公平可言的環境裡，只能靠自己的能力贏得更好的生活。

那青樓女子們的工作又是怎麼樣的呢？

根據有關資料記載，其實大多數青樓都是有一定的辦事流程的，這些規定不但約束了青樓的女子們，也對嫖客們有一些要求。比較典型的是以下這幾個常規的程序：當嫖客進入青樓的時候，會有人吆喝著通報他們所找的青樓女子，這一步被生動形象地稱作「喊堂」。隨後，嫖客會在女子的房中擺出飯局，邀請自己的朋友，請一些青樓女子們作陪，這也叫做「吃花酒」。嫖客們會事先向朋友們下帖子，開席的時候會先說一番話，之後便讓青樓女子們入席，他們有時也會點一些表演助興。再之後就是宿於女子的房中了。如果只在青樓住宿，則叫做「打乾鋪」。

有時候，嫖客和青樓女子雙方都相互有情，那麼他們會宴請賓客，這被稱為「鋪堂」。如果嫖客和女子雙方是初次一塊兒過夜，那麼他們也會同「鋪堂」一樣宴請賓客，額外的，還要點鞭炮，在房中點亮蠟燭，嫖客還要給賞錢，這就是所謂的「掛衣」。

看到這裡，大家應該可以發現，風塵女子的生活顯然是很不容易的。雖然上等青樓女子的待遇看似很好，可她們為此付出了更多的努力與代價，雖然看似體面了許多，但是她們仍然無法掌控自己的命運。更遑論地位沒有那麼高的青樓女子了。風塵風塵，起與風，散於塵，我想對於這些女子來說，這個稱呼確實很好地概括了她們的命運。

2 秀才升職記

文／沈浣

說起秀才，大家可能都會想到《武林外傳》中的呂秀才。記得《武林外傳》熱播的時候，他的知名台詞「子曾經曰過」還一度成為了很多人的口頭禪。

那麼，呂秀才到底為什麼被稱為秀才呢？秀才到底是怎麼樣的稱呼呢？

其實，最開始的時候，秀才是指「才之秀者」，第一次在《管子．小匡》中出現，《禮記》中也有類似的稱呼。在當時，秀才只是一種泛稱，表示有才能的人，出色的人，只要你夠厲害，就都能被叫做秀才，並不像後來那樣僅僅限於讀書人。之後，到了漢朝，秀才的意義才有所不同了。

漢武帝在元封四年下詔求賢：「其令州郡察吏有茂（秀）才異等可為將相及使絕國者。」於是，從那時候到南北朝為止，秀才都是指薦舉人員的科目之一。到了隋朝的時候，科舉考試乾脆就單獨設立了一個科目，就叫做秀才科。至此為此，秀才都還不是我們所熟知的那個詞語……直到唐宋元時期，它才成為了對一般讀書人的通稱。而到了明清時候，秀才的範圍又縮小了，人們將府、州、縣學中的生源叫做秀才。這裡所謂的考秀才，就是通過縣城或者府裡的考試成為獲得進學資格的考生，只有通過了這個考試，考生才能夠被稱為秀才。

那麼這到底是個怎麼樣的考試呢？

考生在沒有取得功名前，不管你是十五六歲的少年，還是百歲的老人，都被稱為「童生」。童生只有經過童試才可以被稱為秀才，才有進學的機會。可以說，童試是功名的基礎，是一切的開始，然而在當時，這項考試其實也是非常複雜難考的，大多數讀書人都是在這一步被刷下來的。這個過程好比刷地圖打怪升級……考生們只有通過層層關卡、刷掉很多BOSS，才能獲得秀才的稱呼，而考生們第一步要面對的關卡就是縣試。

ROUND 一——縣試

時間：多在二月，分四場或五場進行

地點：考生所在的縣城

NPC：各縣知縣、同考考生、本縣廩生

BOSS：八股文、詩賦、策論

為了登陸這個關卡，考生們首先要向本縣的禮房登記自己的個人資訊，比如自己的姓名、籍貫、年齡、三代履歷。之後考生若要通過這一關卡，首先必須要明確各個NPC的責任。比如各縣知縣是負責主持縣試的，也就是說他是縣試的主考官。而同考的考生則是一起組隊的夥伴，考生們需要五五結對，然後請一位本縣的廩生NPC作保，這被稱為「認保」。所謂的廩生，其實就是率先打完了童試副本並取得優異成績的人，作為獎勵，他們的伙食從此以後就由國家提供了。這些廩生需要確保他們作保的考生身價清白，且品德過得去，如果考生在考試過程中作弊，那麼廩生也要負一定的責任。

和所有的NPC交流完畢後，考生們才可進入考場，去面對他們各種各樣的BOSS了。

第一個BOSS：八股文

相信大家對這個BOSS一定不會感覺陌生，直到現代，還有很多人用八股文來形容死板、約束頗多的文章。可見，這個 BOSS 對考生的限制還是很大的。明清時代，八股文是考試的一種文體，一共有固定的八個部分。第一步是「破題」，也就是揭示文章的主旨。第二步是「承題」，也就是要接著上文進行闡述。第三步是「起講」，說明可以開始議論了。第四步是「入手」，作為起講後引出正文的突破口。再接下來的第四步到第八步分別為「起股」、「中股」、「後股」、「束股」，每個段落中都要求有兩股排比對偶的文字，一共是八股，因此被稱作八股文。

你以為這樣就結束了嗎？其實還沒有……八股文不僅在文體格式上有如此多的限制，它甚至還限制了作者的取題和行文語氣，取題一定是出自四書五經的，行文語氣一定要消防古人，連句子的長短、字體的繁簡和聲調的高低都有要求，可以說打定了注意不讓考生自由發揮了。

第二個 BOSS：詩賦

這個 BOSS 其實還有另外一個名字，叫做試帖詩。其實以詩賦為考試內容最初是始於唐代的，當時的考生們常被要求運用四韻、六韻作詩，這一科目直到宋朝王安石變法時才被取消。到清朝的時候，這個考試項目又復活了，但是在形式上有了一定的限制，童試中規定只能使用用五言六韻，而且只能用官韻，要嚴格遵守「八戒」，即出韻、倒韻、重韻、湊韻、僻韻、啞韻、同義韻和異義韻均不能用，並且要求詩歌用的的全部都是仄起格。此外，除首聯和末聯用不著對偶以外，其餘各聯都要求「銖兩悉稱」的對偶。這麼看來，它也算是和八股文相互呼應了。

第三個 BOSS：策論

這個 BOSS 和其餘兩個 BOSS 有點不一樣，它是在清末才重新出現的。所謂的策論，其實就是考生議論當前的政治問題，向國家獻策的文章。策論是以論點為寫作的中心的，和八股文比起來，它就要自由很多了，也更加能夠吸引考官的注意力。

如果成功對付完了以上三個 BOSS，那麼考生們就可以順利進入到下一個關卡了！

ROUND 二——府試

時間：多在四月

地點：考生所在的府

NPC：各府知府（或直隸知州、直隸廳同知）、同考考生、本縣廩生

BOSS：八股文、詩賦、策論

這一個關卡的通關過程和上一個關卡其實差不多，考生們同樣要先登記自己的情況，而後和幾名同考的考生找廩生作保，這裡稍有不同的是，作保的廩生多了一名，需要兩名，而之後考生們面對的 BOSS 難度也相對大了一些。

這個關卡同樣會刷掉一部分人，剩餘的人才能成功地進入童試的最後一個關卡。

ROUND 三——院試

時間：三年兩次，每次兩場

地點：考生所在的省市

NPC：各省提學道（清代時為各省學政）、同考考生、本縣廩生

BOSS：八股文、詩賦、策略、《聖諭廣訓》

因為學政也被稱為提督學院，所以這個 BOSS 被稱為院試。而明代時候，這場考試在明代由各省提學道主持，所以也被稱為道試。院士有正試和複試兩場，第一場是

正式的考試，要求寫兩篇文章和一首詩。而第二場是複試，要求寫一篇文章與一首詩，還要默寫《聖諭廣訓》百字。通過這兩場考試的，才算是正式通過了這個關卡，正式稱為了「秀才」。而其中成績名列前茅的，則會被稱為廩生，在之後，他們就可以為以後的童生作保了。

考生們好不容易打倒了各種各樣的BOSS，通過了這些層層關卡，也才變成了「秀才」。從此他們可以穿上秀才的制服，在明代的時候是戴方巾，而在清代的時候就是穿藍衫，頭戴帽尖銀頂的帽子。可就算如此，他們也只是獲得了入學的資格，也就是繼續考試的資格，連功名都算不上。

如果秀才們想要考取功名，獲得一官半職，那麼他們需要繼續參加考試，打倒BOSS，層層通關。而接下來的考試才是國家正式的科舉考試，也就是說，接下來的關卡才是考功名這個任務最核心的部分。一共分為三級，分別為鄉試、會試、殿試。

鄉試每三年的八月在省城舉行，也就是我們經常聽到的「秋闈」，主考官不再是地方的官員，而是皇帝派出的主考官。成功通過鄉試的秀才從此就可以被稱作舉人了，稱為舉人，才可以被認為「有功名在身」，就算日後的考試不中他們也可以獲得一官半職，而且只有舉人才有資格參加下一個關卡——會試。

會試在鄉試後的第二年春季在京城舉行，因此常被稱為「春闈」。春闈由禮部主持，成功通過這個關卡的舉人就是貢試了，他們是最後終於能夠踏入最終關卡——殿試的考生了。

殿試對我們來說可能就不是那麼陌生了，許多影視劇和文學作品中都有相關的描述。它對考生來說是最終的關卡，因為他們要面對最大的BOSS——**皇帝**。**通過這場由皇帝主持的關卡的貢生才稱為進士**。

可以說進士才是科舉這個副本最後的贏家了。

綜上看來，古代考秀才不容易，考功名更難，普通人想要通過科舉入仕實在是一件非常需要毅力與才能的事情。相比之下，現代的各種考試似乎都變得可愛許多了。

③ 古代版「五年模擬三年升學考試」大揭祕

文／Three 詩睿

我們的一生都伴隨著學習，幼兒園、小學、初中、高中、大學、研究生、博士……只有你讀不完的，沒有讀到頭的。而曾經的五年模擬三年升學考試，讓多少青春少年流下了傷心的淚，其實古代版也並沒有好太多，在古時候，想要考中秀才，那可是需要舉家支援才能完成的。

有志於讓自己的孩子走科舉道路的人家，往往早在孩子五六歲就要讓他開始接受啟蒙教育了。

小孩子剛開始接受啟蒙教育，除非詩書傳家的人家有父兄長輩來傳授之外，一般人家往往需要上私塾。私塾常見的有鄉里以及宗族集資或者受捐贈設立來免費教育貧家子弟的，稱之為村塾、族塾、義塾（譬如電視劇《白鹿原》裡的私塾便是族塾）。

除了這類，更高級一點的是優秀塾師私人開設收費來教授學生，這就稱之為教館、門館、學館（譬如魯迅在《百草園與三味書屋》裡求學的便屬於此類門館），不僅僅富裕人家就讀於此，累世公侯的家族往往也會讓孩子來此讀書。

當然更有權勢，抑或自命不凡的權貴膏粱子弟是不屑於上這些地方去讀書的，他們會自己聘請老師在家教讀子弟，這在西方貴族家庭被稱為家庭教師，而於中國則被稱之為坐館或家塾（比如《紅樓夢》裡賈寶玉等接受教育的情況即屬於家塾）。

一般人家的小孩子第一天上學，往往被稱為「破蒙」之日，這時候家長要帶著孩子去見老師，並向孔子的牌位三叩首，拜完孔子再拜老師。然後家長要奉上紅包贄敬，準備好酒好菜，準備好朱筆詩書，請先生點破童蒙，是為開啟智慧。於是先生用朱筆在書籍上點讀「子曰：學而時習之句」（四書《論語》首句）；先生讀，孩童隨著讀，讀完此句，意味著孩童有了讀書的智慧。於是全家拜謝先生，感激非常，這就是「破蒙」。

至於史書上所言「江浙之地，人物淵藪」的筆者家鄉，「破蒙」之前往往還約定俗成了禮儀。由於文風甚盛，故而江浙不僅僅在孩童周歲之時有筆墨「抓周」之事，在「破蒙」的日子，也大有說法。「破蒙」的日子，要由家中僕人挑一擔東西來到孩童上學的私塾。這一擔東西相當有講究，擔子一頭是小書箱，放有一部綢緞包起的四書，文房四寶等文具；另一頭則是狀元糕（筆者家鄉溫州此類狀元糕已有近千年歷史，至今仍能購買到，至於在江蘇等地，狀元糕則被稱為定勝糕）和一盤粽子，傳統社會喜歡討個吉利，這一頭糕粽諧音「高中」。

首日讀書，先生在於立德，而並非急於教導孩童。頗為有意思的是，「破蒙」之日放學時，先生會叫住孩童，將小孩子的書包翻轉過來，意為「鯉躍龍門，一朝翻身」，這寄予著先生對學生的深深期望。

入了學，一個孩童便正式開始求學生涯。

由於學力有高低之分，故而除了一些耕讀傳家的學生大抵可以直接上手四書五經，其餘一般家庭子弟則要從《三字經》、《百家姓》、《千字文》等學起，此是為識字，兼複瞭解人情世故（筆者按：雖戲稱讀書人為書呆子，其實這不過是不讀書之人的戲謔，猶如如今不讀書而豪富之人所說「讀書無用論」，這類《三字經》、《千字文》精妙其甚，如若以譬喻蓋之，筆者以為這算是提綱挈領，是今後科舉事業的「書單」或綱要）。

當然除了這些普世性的教材之外，古人常言立德為先，做人以德為要，所以私塾也是要教授《孝經》、《家訓》之類的，只不過此類書目大抵是科舉不考，故而也就是補足德育的手段了。

值得提到的是，明清時代科舉往往也會有類似於毛概類的教材。大抵是需要應試科舉的讀書人思想過硬、不能反動，故而此類教材往往在科舉的各層級考試中都被列為必考項目。在清代，這種教材便是康熙欽定的《聖諭廣訓》，而在以後的科舉各層級考試中，考生需要一字不差地默寫這本書的內容（如果誤寫，不僅考生要受罰，主考官員也要背鍋）。參加過科舉的北大校長蔣夢麟便在《西潮．新潮》中提到一九〇三年他在紹興參加第三場院試的時候，就要默寫《聖諭廣訓》。

古時候讀書，在十幾歲之前先生並不講解，學生的任務在於記憶背誦，讀一本書就必須全本背下來，最低要求是五萬左右字數的《四書》要全部會背才行。不過這也僅僅是參加科舉最基礎的要求了，有的文風鼎盛之地，還鼓勵拿下詩書經史，甚至還要求背誦書籍裡的小字注釋。這便是如今我們所詬病的死記硬背，間或「填鴨式」讀書，然而大家光詬病那時候讀書之苦，如今鼓吹素質教育而往往背不出一句詩經，卻未曾想到古人張口引經據典，動輒「一目十行，過目不忘」的能力都來源於此。馮友蘭在《三松堂自序》便稱之為「包本」，民國安徽大學校長楊亮功則在其《早期三十年的教書生活》裡懷念背誦之功。

求學私塾的階段，學生除了誦讀書籍，還需要寫得一手好字。如今考試只要求字跡清楚即可，古代科舉可是要求甚為嚴格。各級考試中不得用草書行書等，只能用楷書，而這楷書又非一般性的保底要求，要想考中秀才，得練習如同印刷字體的「館閣體」才行（無獨有偶，在西方貴族階層亦有類似要求，是為花體字等）。我們隨手拿一篇清代文章考秀才的試卷就會發現，其文章本身就是書法作品。

在私塾讀書，是沒有如今學生的寒暑假的，也沒有如今所說的週末。俗話說「臘月二十三，先生放了假，學生出了監」，古時候讀書，一年大抵也就春節幾天可以休息一下。而一天之內，從明清文獻來看，大多數學生是早晨背誦，上午聽先生講授，中午練字，下午溫故知新，毫無玩樂時間，甚至有懸樑刺股的讀書人。

讀了幾年書，待到四書五經背誦地滾瓜爛熟，字練得如同印刷體，先生就要開始教授寫八股文了。不過在寫八股文之前，學生需要辨明四聲，分清平仄，故而也總是要費一段時間來練習對對子，這也就是魯迅、太祖所經歷過的階段。說起來雖容易，但要對好對子，可是需要厚積薄發才行，這也就考驗學生腹中墨水如何了，博聞強識者自然笑傲，不讀詩書者自然被淘汰。

說到八股文，倒並非如現今大多數人所認為的僵屍文章。此類文章若可以類比，則似乎如變體的格律詩歌。七律者八句講求格律和對仗，八股者也是如此，所以會要求破題、承題、起講、入手、起股、中股、後股、束股。這是為結構嚴謹、法度森嚴、環環相扣（筆者按：八股不是指這個八個名詞，而是指的「起股、中股、後股、束股」這裡面每一部分都有對偶的兩股，合起來就是八股。）

有人會說作詩容易，的確，作八股文也不難。不過須知道古往今來，傑出的詩人也就那麼多，考中秀才可不僅僅是會作八股文就行，而是要在鐐銬中寫得好才行。這是什麼概念呢，文章人人會寫，不過要考中秀才，文章得至少有火候才行。

學者錢基博說：「語言文章之工，合於邏輯者，無有逾於八股文者也。」這寫好八股文，便需要極強的邏輯推理能力，在知乎便是俗稱的「邏輯自洽」，否則便是不知所云，如同被點評為「兩個黃鸝鳴翠柳」一樣。

清康熙十二年狀元韓菼則說八股文寫作「八股之格，雖若小道，而命題必主《四書》、《五經》。《四書》、《五經》非孰複於其胸中，無以言也。」這說的便是寫八股要四書五經爛熟於心，因為作文命題題目是不給出處的，所以前面四書五經要是不全背下來，那麼連作文題目都看不懂，就很容易出現「力拔山兮氣蓋世，何況拿破崙」的笑話了。同時他又談到寫好八股文需要「必旁而浸淫於古。自晚周、秦、漢以來，如左氏、公羊、穀粱、屈原、莊周、揚雄、司馬遷、班固之文章，以迄於韓、柳諸家，皆能往復出入，變化於其行文之所以然，以養吾氣，以達吾才。夫然後俛而為科舉之文，皆彬彬可觀也。」這說的便是八股文需要有深厚的文學素養和史學功底才能上乘。

一般的讀書人等到大抵十六七歲的時候，經過了背誦大量書籍的折磨，浸淫書法訓練十幾年，八股文能夠完篇，便可以去角逐秀才的名位了。

在考秀才之前，無論耄耋或是總角，老少讀書人都被稱為童生，即使是鬢髮蒼白的老人也不例外。

一個童生要成為秀才，必須經過三次考試，即縣試、府試、院試，統稱為童試，亦稱小考。

別小看這「小考」，從時間上便令人十分煎熬。童試三年考兩次，逢醜、未、辰、戊年叫歲考，其他年份叫科考。科考這一說法來自於明代，正統九年（一四四四）七月，奏准各處鄉試應試生儒人等從提學官考取。（《明會典》卷七七《禮部三十五．貢舉．科舉．鄉試》）

這走向秀才之路的第一步，縣試往往是在農曆二月，考期往往會提前一個月張榜文公示，而主考官則是本縣知縣。

考生到縣衙報名的時候需要領取一個報名表，填寫個人姓名、籍貫、年齡，以及家庭關係。

同時要交付同考五人相互擔保的條約還有本鄉廩生（有工資編制的秀才）做擔保的證明書等檔。

還需要保證不是替考，身世清白，不是娼優皂隸的子孫，不是父母去世的二十七個月內來參加考試，這類似於今天的考試承諾，只不過一旦被發現事實不符，就要接受刑律條文的嚴厲處罰。

這第一次考試—縣試的地點在縣衙大堂，考試時用的桌椅需要自備，考試時要按官方指定穿固定正式的衣帽。試卷則來自於縣衙，十幾頁的紅格子宣紙，每頁十四行，每行十八字，附帶草稿紙數張。

這考試要分為五場，前四場都會考察八股文，最後一場則考察古文或者古詩賦。

縣試正場需要作八股文兩篇，五言六韻試帖詩一首。每場都是天還沒亮就要進考場點名，考生用專門的考籃裝好考試用品進考場，並且要自帶食物（當然縣衙裡也有食品銷售，只不過價格極為高昂，魯迅兄弟曾回憶，泡茶的白開水外面一二文，到考場裡就要四十文了）。

這每場一考就要考一天，等到天黑的時候必須交卷。

考完就是一段時間的煎熬等待了。接下來這個縣試會按成績放榜，形式很特別，名為「輪榜」，就像車輪子一樣一圈圈寫出來，至於縣試第一名被叫做「案首」，在這個榜文的最上方正中。

這裡有一個潛規則，縣試和接下來的府試的「案首」不出意外都是會成為秀才的，這關乎官場文化，畢竟要考慮知縣和知府的面子問題。

由於縣試是最低級的考試，故而總會出現一些雷人的考生。據《清稗類鈔》記載，一次縣試中，有考生引用《尚書．秦誓》裡的「昧昧我思之」，卻誤寫成「妹妹我思之」，結果知縣批卷子的時候備注「哥哥你錯了」。此是為科舉軼事。

縣試之後兩個月便是府試了，這府試時間一般在農曆四月，地點在府城內專門修建的考場，主考官是知府。府試的考察形式和內容與縣試大同小異，只不過是換了考場和主考官而已。

待到通過了這場府試，才算真正有了考秀才的資格，這也就是正式的童生資格，是為官方認證的「文童」。從此，訴訟時有權自稱「童生」，不用跪拜，且有座位可坐；婚喪典禮時，有權和官員同桌而食，農商則無權。

這些文章，接下來就要面臨能否考中秀才的關鍵考試—人生第一場大考「院試」了。

這次考試的地點在和府試一樣，考場不變，只不過主考官換成了一省的學政，俗稱大宗師（類似於現今的省教育廳長）。

這正式決定秀才資格的院試特別嚴格，從身分核驗角度，每一名考生除了自己要找一名廩生當擔保人之外，還要由所在縣的教諭再派一名擔保人。等到考試日點名的時候，要由學政和這兩名擔保人共同確認自己的身分。

點完名後，考生就需要拿專門的票據到派卷的地方領卷了，試卷右上角會糊住名字加蓋印章。

卷面寫有考生的名字浮簽，交卷時考生自行揭掉。

這裡值得一提的是，明清時，考生參加這次考試是要帶准考證的，上面會詳細記載個人隱私資訊。

從考試內容來說，就要難度很大了，因為一方面這次院試的考官是一省的學政，學識淵博（往往是翰林出身）；另一方面屬於自主命題，不會像鄉試、會試有嚴格的命題規則。故而主考官會顯示自己的水準，出一些偏題、怪題，其中最為令人苦惱的是截搭題（這種題目就是將四書五經原文某一段文章的上下句各截取幾個字湊成一道作文題，往往斷章取義，給考生挖坑）。

舉幾個例子：彌子之妻與子路；魚鱉不可勝食也材木；君夫人陽貨欲；王速出令反。

你看看，這肯定得需要大量的累積才能答到位。

至於大家關心的錄取名額問題，明清秀才錄取是有規定的額度的，名額根據各地經濟文化發展程度分成大中小縣，大抵是大縣二十多名，中縣十幾名，小縣六七名，而府學和州學也不過是三十幾個。

因而，秀才考中的概率可想而知。許多人考到白髮蒼蒼還是一無所獲，而這，也僅僅是帝國科舉事業最基礎的一次考試了。

參考文獻：

潘劍冰：《瘋狂的科舉》，廣東出版集團，二〇一三年；

郭培貴：《明代科舉史事編年考證》，科學出版社，二〇〇八年；

郭培貴：《明代選舉志考論》，中華書局，二〇〇六年；

萬斯同等：《明史》，清代
吳宣德：《中國教育制度通史．明代卷》，山東教育出版社，二〇〇〇年
鄧嗣禹：《中國考試制度》，吉林出版集團，二〇一一年

筆者按：本來想寫明代秀才制度的，不過資料倉促，先寫這一篇，以後有空再寫。茲將記載明代科舉制度的史料附列於此，明俞憲《皇明進士登科考》，記事上起洪武四年（一三七一），下至嘉靖二十九年（一五五〇）；明王世貞《科試考》；明《皇明貢舉考》；清初《明史紀事本末補編．科舉開設》。

4

看不起打更的嗎？哼，我也是有酬勞保障的公務員！

文／白鷺青鷗

從小筆者就是俗稱的「沙發馬鈴薯」一族，電視劇就是我成長的養分。八〇、九〇後應該對各種聊齋題材的電視劇記憶猶新，而見慣套路的我對此類鬼神劇的開頭已經習以為常——

沒錯，伴隨著一聲蒼老的「天乾物燥，小心火燭」，漆黑的夜幕下第一個注定炮灰的角色出現了！是他，是他，就是他，我們再熟悉不過的打更人！

打更人又稱更夫，是一種至今仍存在的職業，但在鬼神類文藝作品中，他們往往是開場就遭到慘死命運的可憐炮灰，那麼在真實的歷史中，他們會是高大上的鐵飯碗公務員嗎？

要回答這個問題，先要從雇傭更夫的人談起。

眾所周知，自進入郡縣制時代以來，中國傳統社會的權力體系可以用金字塔來比喻，最頂端的天子收攏著最大的權力，也即皇權至上。但由於中國社會結構十分複雜多元，就算專制權力強大如皇帝，也不能面面俱到，在具體實行統治政策的過程中，他需要臣僚們的說明。

費孝通先生在《中國紳士》中寫道：「皇帝本人把持著權力，但是他不能憑一人之力管理這個國家。即使他可能不希望與別人分享他的權力，他還是需要在統治方面得到說明，因此，必須使用官員。」

出於實際管理的需求，官僚體制成為了「皇權」金字塔的工具，這套精密的工具必須保證一個龐大的帝國像鐘錶般有序運轉，而其中最基礎的一顆螺絲釘，就是中國傳統社會的縣級行政區畫。雖然中國歷代行政區畫變遷劇烈，但縣一級的基礎政權卻非常穩固，這是學術界普遍同意的論點。因此，如果我們穿越成為一名平頭小民，最大的可能便是分屬某某縣，接受來自縣級長官的管理。

然而就算是勤勞到了過勞死的地步，也沒有縣官能鉅細靡遺地處理所有民生事物，居民們的家長里短卻也需要調理，於是就像我們有親切的社區街道辦一樣，古代也出現了各種不同的基層組織。這些基層組織在歷朝歷代都有不同的名目，種類繁多，人員多屬鄉官或職役性質，職能僅限於收收稅，喝喝茶，替上官跑腿辦些瑣事，並沒有被納入真正的國家職官系統，一點也不高大上。雖然正是這些無名的小吏在維繫古代人民的日常生活，但他們卻名不見經傳，學術界對此討論認定，中國古代在縣以下出現了一種「行政真空」，導致「皇權不下縣」，縣以下地方自治多由居民組織自發管理。

釐清了這個問題，我們可以初步做出回答，更夫的職能並不是事關國計民生的要務，每個更夫負責的範圍也十分有限，因此更夫自漢代以來，便是由縣以下的保正鄉紳等人所直接雇傭的，和他們地位一樣的還有一些義莊的看守、義務消防預備隊等等，這些都說明，更夫並不是國家級公務員系統的一員。

如此看來，在文藝作品裡命運多舛的打更人，似乎在歷史上的地位也十分卑微，但這就代表他們的存在除了給聊齋豔鬼送上開門一血之外毫無價值嗎？

其實並非如此，對這個看似不起眼的職業瞭解愈多，生活在便利條件下的現代人愈會對從業者生出更多欽佩。

更夫存在的最直接理由並不是像電視劇中一樣，只是為了提醒人們「天乾物燥」，畢竟一年四季，總有天寒地凍的時候，更夫們不可能一句話從年頭喊到年尾，他們最重要的職能，其實是報時。

看慣了古裝劇的大家應該明白一個基礎的概念，古人將一日劃分為十二個時辰，每個時辰相當於現在的兩個小時。這種計時方法從西周時就已開始使用，漢代古人又依據一天生活起居的時間表，將這十二個時辰生動地命名為夜半、雞鳴、日出等等，如果以十二地支來表示，就以夜半二十三點至一點為子時，一至三點為丑時，三至五點為寅時，而後依次遞推。清代，人們又將每個時辰細分為「初」和「正」前後兩段，從而分割出了與現代相同的二十四段時間。

古人沒有熬夜修仙的概念，日出而作日入而息就是他們最習慣的生活方式。對於各位修仙道友來說，也許假日最愜意的事就是癱在床上睡過一整個白天，但對於農耕社會的古人而言，白晝的時光是寶貴的，他們會利用每一分每一秒去勞作。而在這方面，古人對時間的精準把控令今人難以想像。

故宮博物院鐘錶館收藏著大量中外鐘錶藏品，從中我們可以一覽古代社會製作計時器物時的精妙工藝，這些器物往往還能兼具藝術性和實用性，如：著名的「銅鍍金琺瑯升降塔鐘」，塔高七層，每層各有四個雕刻彩繪吉祥圖案的龕門，底座四角蓮葉上立有彩色牙雕童子。當底座中的機械系統開始運轉時，整座塔的三層到七層都可以運動起來，最上面五層逐層升起、下降，童子不時彎腰作揖，可謂巧奪天工。

又如充滿田園野趣的「銅鍍金琺瑯葫蘆頂漁樵耕讀鐘」，這只大鐘鐘身分為三層，底層有象徵河流的水法，其中還有遊弋的野鴨；上層有一個憨態可掬的葫蘆，葫蘆下腹部是寫著「大吉」的活動門，門內有轉動人物。當鐘錶上弦後，樂曲悠揚，野鴨遊動，漁翁、樵夫、農人、仕子等也都活動了起來，不止是計時用具，更是一件精美絕倫的藝術品。

清人能製造出這些充滿奇思妙想的器物，正是托賴於中國計時器具發展歷史歷史悠久，技巧成熟。中國古代計時器的創始時間不晚於戰國時代，古人嫻熟地應用了機械原理，設計出許多奇巧的計時工具，其中應用於生活的主要有兩大類：一類利用流體力學計時，如刻漏和沙漏等；另一類採用機械傳動結構計時，有渾天儀、水運儀象台等。

而除了這兩種主流分類之外，值得一提的還有應用天文原理計時的日晷，這個造型渾圓可愛的「大餅」，正是中國最古老的計時器之一。

說到這兒，一定會有人疑惑，既然計時器的發展已經如此完備，為什麼古人還需要更夫來提醒？這個問題其實很好回答，皇帝可以奢侈地擁有許多計時器物，但老百姓計時的方法卻還是比較原始的，而且在光線清晰的白天，人們更容易判斷時間，昏暗的夜晚會模糊人類的時間概念。

中國古代人民對計時器的鑽研，表現了他們對時間的重視，也說明了當黑夜降臨，他們無法準確判斷時間時，打更人這一職業存在的必要性。在民國時期鐘錶大規模普及之前，人們會在城市或寺院的鐘鼓樓內設置銅壺滴漏（即「漏刻」或「刻漏」），以它來判斷夜晚的時間流逝。中國現存最完整的成組型滴漏是元仁宗延佑三年鑄造的，漏身由四個漏壺組成，每個壺都配備有銅蓋，受水壺的銅蓋中央腰插一把銅尺，尺上刻有十二個時辰的刻度，銅尺前再插一木製浮劍，受水壺中的水隨時間的推移而逐漸增加，浮劍逐漸上升，人們從而讀出時間。專門負責看管它的人要負責擊鼓報時，漏一下為一更，兩下為二更，以此類推。天長日久，便有了專門負責打更的更夫的存在。

更夫的工作十分辛苦，除了要徹夜不眠守著燃香或刻漏之外，還肩負防火防盜的重任，依照時令季節提醒街坊注意事項。不像文藝作品中孤身一人，現實中的更夫通常兩人一組，一人手中拿鑼，一人手中拿梆，打更時互為搭檔，邊走邊敲。通常來說，打更人一夜要提醒五次時間，每隔一個時辰敲一次，第五次俗稱五更天，雞鳴天亮，他們一夜的任務才算完成。

古鎮磁器口至今保留著打更的傳統，每晚都有提著燈籠的老者自發沿街巡邏，每一更也有不同的稱呼和打法，據傳可能是如下情景：

打落更（即晚上七點）時，一慢一快，連打三次，聲音如「咚！——咚！」「咚！——咚！」「咚！——咚！」；

打二更（晚上九點），打一下又一下，連打多次，聲音如「咚！咚！」。「咚！咚！」；

打三更（晚上十一點）時，要一慢兩快，聲音如「咚！——咚！咚！」；

打四更（凌晨一點）時，要一慢三快，聲音如「咚——咚！咚！咚」；

打五更（凌晨三點）時，一慢四快，聲音如「咚——咚！咚！咚！咚！」

通過瞭解更夫工作的細節，我們可以發現，並不像人們想像中那樣，更夫只要扯著嗓子喊幾聲就算完工，他們要對雇傭他們的街坊負責，要確保時間精准而清晰地被大眾所知，不管颳風下雨，都不能擅離職守。前面我們已經提到過更夫並不屬於朝廷編制，民間職業自然沒有鐵飯碗，更夫的收入也十分低微，可他們仍然是古人生活中不可或缺的部分，仍然兢兢業業地堅守在自己的職位上。

此外，關於更夫，還有一些有趣的野史雜談，或許是這個職業天生就和神鬼怪談有不解之緣，有學者認為打更的傳統或許起源於原始巫術，某些文學作品裡還保留了「打更驅鬼」的儀式，如《紅樓夢》中便有這麼一段描寫：「晚上吳貴到家，已死在炕上。外面人人因那媳婦兒不妥當，便都說妖怪爬過牆吸精而死。於是老太太著急的了不得，替另派了好些人將寶玉的住房圍住，巡邏打更」。

孫中山先生的父親也是一名打更人，孫中山南洋紀念館內至今保留著孫父打更的工具，引人追思，也充分印證了陳勝的名言：「王侯將相寧有種乎？」

回顧了史實和佚聞，針對題目的問題，我們似乎可以做出一個比較中肯的結論，在中國古代社會的歷史進程中，大部分時間裡更夫都是一個被忽略的小小職業，既沒有政府編制，也沒有酬勞保障，反而還要付出不小的勞動代價。但他們卻沒有因此被大眾所遺忘，他們勤奮而平凡的身影依然活躍在不同的文藝作品中，提醒著我們，人類的社會生活歷史，正是由這樣的芸芸眾生所構成，每一點、每一滴奉獻都不該被遺忘！

參考資料：

《「皇權不下縣」的由來及反思》

中國古代計時相關研究論文

5

您有新的外送訂單請接收——古代外送先生忙碌的打拚生涯

文／朱小蠻

當你對公司食堂千篇一律的午飯索然無味時，午飯怎麼解決？

當你上了一天班，回到家後把自己狠狠地摔在沙發上一動不想動的時候，晚飯怎麼解決？

當假期在家，熬夜修仙，一覺睡到自然醒，醒來連白天黑夜都分不清時，一天中的第一頓飯怎麼解決？

你會選擇出去買，還是起來自己做？

你是不是傻！

當然選擇叫外送啦。

肯X基、麥X勞……

各種外送軟體層次不窮，想吃哪家點哪家！

用不了多久，外送先生就會帶著誠摯的笑容，雙手送到你家門口，還使了個眼色，笑瞇瞇地說：「親，記得五星好評喲！」

而你，只需要起身開門，這世間上有的，你想吃的美食都能送到你面前來。

你打開外送，美滋滋地趴在餐桌前、茶几上，亦或是電腦桌前，一邊大快朵頤一邊感慨著活在這個時代太幸福了。如果在古代，肯定享受不到外送先生周到的服務。

古代真的沒有外送先生？

如果你有這個想法就 too young too simple 了！

現在我們經歷的很多事情，都是古人「玩」剩下的，就連外送也不例外。

在歷史上，中國是以農耕文明為主的國家。古代農民耕地，到了播種和收貨的季節格外忙碌，為了節約時間，多幹些農活，即便到了午餐時間也不回家。這時候，他們的妻兒會將飯送到田間，這可不是外送的一種嗎？

農民的家人充當了外送先生，有的人家用四四方方的布打個結，就像是《還珠格格》裡小燕子離家出走的那集中打包用的布，裡面放上乾糧送過去；有的人家會用食盒，除了乾糧，還可以放稀飯、炒菜之類的。

宋朝是中國歷史上經濟、文化、教育最繁榮的時代，達到了封建社會的巔峰。著名史學家陳寅恪說：「華夏民族之文化，歷數千載之演進，造極於趙宋之世。」開封，位於豫東平原的中心，又稱汴梁、汴京，為宋朝國都長達一百六十八年，歷九帝，是當時著名的文化、經濟、藝術、政治中心，其繁榮程度，後世難以企及。中國傳世十大名畫之一的〈清明上河圖〉，記錄的就是北宋時期汴京的繁榮。而在〈清明上河圖〉上，繪製了一個正在送外送的店小二，這位店小二就是當時的外送先生。

那位外送先生背後店鋪的招牌上寫有「腳店」二字，你千萬不要誤會是泡腳按摩之類大保健的店鋪，它可是貨真價實的飯店。

南宋餐廳主要分三種，以規模大小來分，依次是：正店、腳店和分榮。正店相當於我們現在的豪華大酒店，特別壕，講究的是逼格，一般不提供外送服務。

腳店屬於中檔，可以送外送，但大多送套餐，叫起外送也不能太隨性。

分榮是最親民的了，相當於現在的大排檔。他服務周到，想吃什麼儘管點，只要廚子能做出來，就一定做，並且隨叫隨到。

誰要是想叫外送，派小廝過去賣，做好了直接帶回家。或者讓小廝過去訂餐，店裡出鍋後，會派店小二按照指定時間送到指定地點的。

不僅是普通人家，就連皇家也叫過外送。

「一騎紅塵妃子笑，無人知是荔枝來。」這句出自晚唐詩人杜牧家喻戶曉的詩，描述的就是唐玄宗李隆基為了讓楊貴妃每天都能吃到新鮮的荔枝，不遠千里，讓人送來的荔枝外送。

《癸辛雜識》上有一則故事叫《德壽買市》，其內容如下：

> 隆興間，德壽宮與六宮並於中瓦相對，令修內司染坊，設著位觀，孝宗冬月正月孟享回，且就看燈買市。簾前堆垛見錢數萬貫，宣押市食歌叫直一貫者，犒之二貫。時尚有京師流寓經紀人，如李婆婆魚羹，南瓦張家圓子之類。

說得是南宋隆興年間，孝宗叫外送的故事。

他不僅叫外送，還給小費——直一貫者，犒之二貫。不愧是皇帝，出手就是不一樣。

宋朝經濟發達，美食頗多，《東京夢華錄》、《夢粱錄》、《武林舊事》等作品中均記錄過各式各樣的美食，說不定裡面有不少美味佳餚皇帝都叫過外送。

既然是送外送，那肯定要有裝外送的用具。

簡單便宜的用布打包，四個角繫上就完事兒了；也有用紙包裹上，再用繩子捆住的。

這兩種外送對食物有要求，湯湯水水肯定公不方便送。

而竹子做的簞，筒狀，有蓋，裝這些湯湯水水再合適不過了。

為了一次能送更多種類外送，食盒華麗登場。

食盒相當於現在的便當盒，早在先秦時期便已出現。那時候是有提梁和蓋子的青銅器，後來漸漸發展成竹、琺瑯、漆器等材質的，做工也愈來愈精美，許多古裝電視劇中都可以看到。

為了防止食物冷掉，聰明的古人還發明出保溫神器——溫盤。

溫盤由上下兩層瓷構成，上薄下厚中空，通過在其中空處加入熱水來保溫。保證出鍋是啥樣，送到你跟前就是啥樣，不打五星好評，都對不起人家的這份心！

除了以上的幾種打包方式，還有一個更讓人意想不到的打包方式。

那就是打包廚子！

古代達官貴人有時會舉辦宴會，有的人家會邀請酒樓的廚子上門，準備宴會所需的筵席，有了廚子，還怕沒有好吃的嗎？

啊——吃貨就是聰明！

當然啦，說起古代的外送先生，最最厲害的當屬秦始皇。

你一定會很驚訝。啥？統一六國的始皇帝啥時候抽空做外送先生去了？他給誰送外送？送的又是啥？

原來啊，當年，秦始皇為了抵禦匈奴，派了幾十萬的兵駐守北疆，並修建了長城。而這些官兵的軍糧卻是從幾千公里外的糧倉送過去。這外送送的不僅費時費力費人命，而且送達的糧食損耗也極其大。

為了杜絕這種現象，秦始皇一拍桌子，直接兩點一線，南起京都咸陽軍事要地云陽林光宮，北至九原郡，修建了秦直道。這便是中國最早的高速公路。

除了陸路，還有水路。

昔日，秦始皇為了征服越人，向嶺南地區發動戰爭，可嶺南地形複雜，陸路運輸困難。為了運送軍糧，秦始皇也是一拍桌子，令人修建靈渠，連接湘江和灕江，從而保證軍糧的供給。

所說，秦始皇乃古今中外，外送先生第一人也。

卷二

敲黑板，軍事歷史大課堂解密

1 如果文科生、理科生回到古代會怎樣

文／李超　字子躍

其實文人的文和文科生的文是兩個不同的概念。

文人是指人文方面的、有著創造性的、富含思想的文章寫作者。嚴肅地從事哲學、文學、藝術以及一些具有人文情懷的社會科學的人，就是文人，或者說，文人是追求獨立人格與獨立價值，更多地描述、研究社會和人性的人。當然，古代的文人，無非是琴棋書畫詩詞歌賦陰陽術數這些文藝的、形而上的東西……

文科生呢？文科生就是相對於理科生而言，學習文科的學生。文科生學習的主要科目有語文、數學、英語、政治、歷史、地理，以物理、化學、生物為輔。

當然，如果硬要類比，也是勉強可以的。

那麼，古代朝廷裡除武將外，就全是文人嗎？

不是的。

從唐代開始，出現了這麼一個名稱「技術官」。（注：「技術官」一詞雖然出現在唐代，但是朝廷內專業人員的設置早在商周時期便已存在）

什麼是技術官？

「技術」在古代文獻中又作「技術」或「藝術」。「伎」與「技」同義，都是指才能。而「術」則與「藝」相通，泛指各種各樣的知識、學問和技能，只不過「藝」偏重於社會方面的知識，「術」偏重於自然方面的技能。至於技術官，在宋代則是對「凡執伎以事上者」的統稱，也就是在朝廷任職的專門技藝之士。

那麼，技術官都有哪些種類呢？

《宋會要輯稿》：和安大夫至醫學，太史令至挈壺正，書藝、圖畫奉禦至待詔，為技術官。

《宋史卷一六六・職官志六・入內內侍省》：翰林院勾當官一員，以內侍押班、都知充，總天文、書藝、圖畫、醫官四局，凡執伎以事上者皆在焉。

也就是說，技術官在宋代分四類：

一醫官，即所謂「和安大夫至醫學」；二天文官，即所謂「太史令至挈壺正」；三書法官；四繪畫官，即所謂「書藝、圖畫奉禦至待詔」；而這些技術官統歸於翰林院，對應分類，又分四局。

這只是翰林院內的技術官（一般稱「待詔」），另外還有其他門類的技術官，比如欽天監的天文學家、軍器監內的科研人員、三司內的會計、司農寺的農學家、太常寺的醫務工作者……

你看，古人還是很有智慧的，其專業劃分可以類比現在的大學六大學科：軍科，醫科，農科，理科，工科，文科。其中技術官包含了部分軍科（軍事工程），醫科，農科，理科，工科和部分文科（經濟學、藝術學）。

既然技術官門類這麼齊全，那麼為什麼技術官大多在歷史上默默無聞呢？

因為——歧視！

技術官在唐代的待遇還是挺優厚的，但是到了宋代，情況開始直轉急下。

在宋代，官場上有這樣一條鄙視鏈：文官鄙視武官，武官鄙視技術官……

首先技術官的官品極低，元豐改制前，技術官的官品在從七品上到從八品下這個區間，元豐改制後，技術官多在從八品上到從九品下這個區間……

職稱不高就意味著工資待遇不高。

《宋史卷一七一．職官志十一．奉祿制上》：司天五官正，十三千。（春、冬絹各五匹，冬綿十五兩。）……司天監丞，五千。（春、冬絹各五匹。）主簿，五千。（春、冬絹各三匹，丞、簿各綿十五匹。）靈台郎，三千。保章正，三千。（春、冬絹各三匹，惟靈台郎冬隨不錢三千。）

《宋會要輯稿》：（翰林待詔）月俸九千，春、冬給衣……（隸書待詔）月俸止六千。

我們對比下：宰相、樞密使月俸錢三百千，節度使月俸錢四百千，五官正的月俸錢還不到他們月俸錢的二十三分之一、三十分之一！

覺得拿宰相、樞密使這些高官和技術官比不夠大丈夫的話，我們來看這些基層官員：七千戶以下、五千戶以上縣的縣令月俸錢為十五千，萬戶以上縣的主簿、縣尉月俸錢為十二千。

五官正的月俸錢尚且低於前者，僅略高於後者……何其慘也！

南宋學者章如愚也說：

選人廩給，下者至請錢七千，米麥兩石而已，貧不足養。

家都養不起了！！

工資不高、待遇不高這些還能忍，但是有一條是技術官的紅線——不得干政！

瞬間跟宦官一個待遇有沒有？

所以說，蔡倫這樣既是宦官又搞科學發明的去干政甚至禍亂後宮，其最終下場之慘也就可想而知了……

關於技術官不得干政，宋代有種種限制：

第一，技術官不得改任文官。早在開寶年間，宋太祖便規定：

司天台學生及諸司技術工巧人不得擬外官。

慶曆元年（一〇四一）十二月，同提點陝西路刑獄陳秉被撤職，其原因僅僅在於他出身翰林醫官。

嘉佑元年（一〇五六）閏十二月，宋仁宗又明確規定：嘗為中書、樞密院、諸司吏人及技術官出職者，毋得任提點刑獄及知州軍。為什麼要這樣規定？宋仁宗時官至執政大臣的夏竦曾振振有詞地加以解釋：

> 府寺之吏，書算之工，因循久次，不曉藝文，及預官常，何知政要。

這分明是藉口，歧視技術官才是實質！

第二，技術官也不得任武官。慶曆六年（一〇四六）十二月，宋仁宗規定：技術人自今毋得任畿內兵馬都監、監押。

元豐三年（一〇八三），有大臣推薦供備庫副使董中行出任苛嵐軍草城川都巡檢，宋神宗不同意，理由是：

中行以技術進，豈宜領邊要職任！

一個木匠想成為御史台長官？一個搞地質學的想成為宰執？一個造發電機的想管理一個帝國？別做夢了！洗洗睡吧！（相比之下還是新社會好啊！學科平等！）

不僅如此，技術官的人身自由都受到了非人道的限制！

景德元年（一〇〇四）正月，宋真宗作出了限制司天監和翰林天文院職官、學生、諸色人人身自由的具體規定。其主要內容是：

第一，「自今不得出入臣庶家」；

第二，如若違犯，「並當嚴斷」；

第三，「許人陳告，厚與酬獎」；

第四，實行同保連坐法：「令三人為一保，互相覺察，同保有犯，連坐之」；

第五，鼓勵相互檢舉揭發：「保內陳告，亦與酬獎。」

宋徽宗大觀二年（一一〇八年）十月規定：各地駐泊醫官「非緣醫藥，不許與見任官往來，違者以違制論。」

這是哪來的神經病的制度啊！

在這樣的制度下，技術官這些各學科的專業人士成了歷史角落裡默默無聞的一群人……後世人們記住的，還是那些主業是文官而以科學技術為副業並作出驚人成就的人們：張衡、祖沖之、蘇頌、郭守敬、徐光啟、朱載堉……

在最後，向所有工作在科學技術領域一線默默無聞的工作者表示最崇高的敬意！

② 直擊中西酷刑大對抗！看看誰更恐怖！

文／白前曳

鬼知道我經歷了什麼！我只想用自身血淚的教訓告訴大家！腦洞大得寶寶就不要看了！

刑罰作為以前統治階級維護統治、懲治犯罪的必要手段，每朝每代都會根據當時的情況設立一套屬於自己的刑罰體系，早在《書．呂刑》裡就有記載：「刑罰世輕世重，惟齊非齊，有倫有要。」

相信很多大家聽過一句話，叫做「刑起於兵」。什麼意思呢？就是酷刑起源於軍隊。這很好理解，畢竟「兵禍」是史書上的常現詞。自原始部族時期，人類就為了搶地盤開始鬥爭。而兩軍交戰時，對待間諜和背叛者的私刑就是酷刑最早的起源。

到後來，封建社會。如何治國，如何平天下？這成了許多帝王思考的問題。如果真的全靠儒家道家那一套玩什麼「以德服人」，那是不可能得到安寧的天下的。一將功成尚且萬骨枯，一個皇帝的權禦天下更加是踩著無數的屍骨爬上來的。要穩定，就要有刑法的規則，就要有有足夠震撼的刑法殺一儆百。

君權和軍權在中西方都是緊密結合在一起的，任何一代帝王，如果失去了對軍權的控制，那麼離他亡國也就不會遠了。所以，在制定法度時，死刑在設定上很大一部分就參考了軍中的酷刑。

說到這裡，不由還是想申辯一下。

中國古代對於「酷刑」的理解和西方的「Torture」有很大區別。

在中文解釋中，酷刑被釋義成「殘酷的刑法」。什麼意思？就是足夠讓人覺得屈辱的、損害他人尊嚴的，都叫酷刑。舉個例子，墨刑（刺字）、削髮（割掉鬍子剪頭髮）等在中國都曾被歸納進酷刑中。顯然，放在現在，很多看起來有點啼笑皆非的，甚至嚴格算起來，每次咱們去理髮店都經歷了削髮，每次紋身都經歷了墨刑……嗯，所以現代人還是別想著去古代了，你放古代一看就有一種剛剛刑滿釋放的呢。同樣，你讓古人穿越到現代來帶他去理個發，也是十分殘忍的行為了。

為什麼在中國歷史上，這些刑法會被歸入酷刑呢？

《孝經》曰：「身體髮膚，受之父母，不敢傷毀，孝之始也。」也就是說，在古人的認知裡面，頭髮啊皮膚啊，都是父母給你的東西，你要保護好，這才是孝道的開始。墨刑也好須刑也好，對古人來說就是破壞了他的孝道，讓他感到不孝的屈辱了，所以這些刑法自然也就被歸入了酷刑。同理，中國人一直很看重「入土為安」和「屍骨俱全」，所以挖墳鞭屍、死無全屍之類的，也是極其過分的酷刑。

而西方單詞的「Torture」在《布萊克法律辭典》（Black’s Law Dictionary）中被定義成：「為了施與懲罰、獲取口供或資訊或為了施虐的快樂，而給人的身分或心理造成劇烈痛苦。」

懂了吧？從基本釋義上，「酷刑」在中西方就出現了差異了。

好吧，說到這裡肯定有人抗議了：哇！筆者你扯淡！沒聽過十大酷刑嗎？中國血腥殘酷的刑法你不要視而不見好不好！

好的吧，那我們拋開定義，就說那些放在國內都要被馬賽克塗滿的、大眾理解的「酷刑」。

個人認為，如果單純從酷刑的視覺血腥性來說，兩方真的不相上下，甚至很多時候會出現「撞車」一樣的重疊性。

例如：中國古代著名的酷刑中有一項是五馬分屍，即人的四肢和頭顱都被繩子捆綁，再用馬做牽引，行刑人趕馬五個方向跑，最後犯人被生生撕裂開；而在西方，也有一項很類似的酷刑，叫四馬分屍，和秦漢時期五馬分屍唯一的不同點，只是不捆綁頭顱，當四肢分裂的一瞬間，執刑人會砍下犯人頭顱。

然而在創造性上，我大天朝不得不甘拜下風。

在車裂以及兩方都具有的剜刑（凌遲）上似乎並不能看出明顯的區別，然而翻看其他刑罰，尤其是閱讀福柯的《規訓與懲罰》（這本書十分重口，不建議閱讀，個人認為至少四〇禁了！——來自身心不適的筆者按）後可以發現，西方酷刑除了給受刑人本身折磨，還要弄得非常儀式化——要給上帝看！

這就很能折騰了。去過西方古堡參觀的小可愛應該都見過，整個古堡被對方的花樣繁多的道具，從都到腳從內到外，一定給你照顧的周到備至。甚至在犯人被酷刑折磨的鬼哭狼嚎祈禱上帝的諒解時，還會有主教在一邊竭盡全力的給你禱告安慰。想想那個畫面，簡直是血淋淋的聖潔。

而要達到這樣的效果，那酷刑的行刑時間一定要非常足夠——好讓主教大人們有時間念《聖經》啊。相比之下，俞鴻圖被腰斬後寫了七個「慘」就斃命，可以說是十分迅速了。

固然血腥程度分庭抗禮，但是，因為宗教因素，一些不同就變得十分有民族政治特徵。在連續做了好幾晚噩夢後，可憐的作者終於對比完了中國古代著名十大酷刑和西方著名二十七酷刑。（以上所言的十和二十七，是官方承認並實施的刑罰。）

西方在酷刑上對平等有十分明顯的體現。不論你是乞丐還是貴族，是農民還是政客，是獵人還是商人，只要你被教會判定成女巫什麼的，統統給你酷刑！一視同仁！絕對平等！

而中國古代專制性在酷刑上也有很高的體現。比方說眾所周知的「凌遲」，這項刑罰是只有通敵賣國才會被判處的。而那些起源於春秋戰國輝煌於清朝廢除於民國的十大酷刑，也只有重量級貪官或者謀逆重犯才會被判處。

就明代來說，酷刑使用地點是錦衣衛的詔獄。那是什麼地方？是九卿、郡守一級的二千石高官有罪，皇帝下了詔書才能關進去的地方！

簡單來說，在中國古代，平民百姓想要體驗一次酷刑，也是很有難度的。

而且，有趣的是。中國古代的統治者大多都是儒法通行，都更加強調「仁政」。所以，細看中國歷史，可以很明顯的發現中國的酷刑是在逐漸廢除的，刑罰方面也不斷向寬刑進步，以此來體現皇帝的好生之德。

隋文帝時期修訂《開皇律》，廢除了三項酷刑，即宮刑（破壞生殖器）、車裂（五馬分屍）、梟首（砍下頭懸掛在旗杆上示眾），並第一次提出了寬刑理念。其規定廢除「滅族」（株連九族），減去了死罪八十一條，流罪一五四條，徒、杖等罪上千餘條，只保留了律令五百條。甚至就算被判了死刑，也還有「死刑複奏制度」，由皇帝親自插手歷經「三奏」才會判刑。這在封建時代，可以說是一項文明大進步的創舉了。

而在西方，羅馬帝國時期懲罰基督教——將犯人送去鬥獸場供野獸攻擊分食；中世紀歐洲獵巫活動——將所有女巫綁起來燒死，等等。這些駭人聽聞的判刑根本沒有任何申辯機會，只需要主教張張嘴，你，就是要被殺死的異端。

那會是一個什麼樣的情形呢？

以古希臘的「柳條人」為例，這個刑罰是凱撒大帝在西元五八年首次記載。他描述了酷刑的模式——將人和牲畜綁在人像中，凱撒說受刑者是小偷、俘虜，於是人們虔誠地將那人活生生焚燒致死。

然而，這並不僅僅是火刑！

焚燒柳條人是一項宗教意味十分濃厚的慶典！凱撒甚至認為這項祭典可以和國慶典相比較！他們的目的是取悅居爾特神明和祭奠的群眾！為了讓這樣的「奇觀」和

「獻祭」得以長時間的公開展示，他們會在柳條人上捆綁大量易燃物品。這種詭異的血腥聖潔氣氛彌漫在狂熱的人群之間，慶典就這樣在官方許可的教會的操持下一年又一年的舉行。時至今日，歐洲還有柳條人的影子。

更讓人驚訝的是，中國在清末民初就廢除了所有酷刑。然而在西方，一直到十九世紀還能零星出現輪刑（把人綁在輪子上碾碎）！一直到一九八四年聯合國頒布《反酷刑公約》，西方的酷刑才算銷聲匿跡。有興趣的小可愛可以去看看本書中對「酷刑」的定義，可以從中體會到當時的酷刑除了逼供，還有很多是因為「歧視」而產生的酷刑，這就很值得玩味了。

如此可見，我們真的應該叉腰牛逼會兒。大天朝在文明上其實根本不輸給西方，甚至很多時候領先很多。

看完了中西方酷刑的部分相同點和判刑上的不同點，再來說說實際操作上的不同。

首先，前文也提到過，西方特別專注於開創各種工具——什麼吸血女伯爵的鐵處女啦，什麼「說服他人」的愛琵加，還有基督教常用的「十字架」。種類繁多應有盡有，充分體現了西方開放自由的創造力——這點上倒是有點像西方的廚藝，他們總是有許許多多的工具去處理材料，而中國人只靠菜刀和技術。

有趣的是，同樣的，在酷刑上，中國人也更加看重技術。以凌遲為例，有個詞語叫「千刀萬剮」，根據犯人所犯罪責的輕重，司法機關會判此人應該受多少刀凌遲。刮完前人死了不行，必須要實實在在刮完這麼多刀，最後用那把刮刀插入那人的心臟「點心」斃命，這樣才算合格的凌遲。

史上最著名的受刑者是大太監劉瑾，一共被割了三天才讓他斷氣。這樣看來，在中國古代，行刑人員也不好當，最基礎的解剖學不考個一百分根本不敢接這活，畢竟，幹不好可是要受罰的。而為劉瑾進行凌遲的行刑人，放在現在怕是穩穩的醫學博士了。嗯，而且聽說古代很多劊子手是屠夫的兼職，這麼想一想的話，那些人為了好好接這個活，怕是每天吃個蘿蔔燉肉都要研究一下這塊肉這塊骨頭是哪個位置的了吧？

終上所述，中國古代和西方到底哪邊酷刑更加殘忍我也無需多言了。

③ 扒一扒那些被後世醜化為反面角色的蓋世英雄！

文／狐狸晨曦

現在各類古裝劇層出不窮，每個歷史人物都有了自己的代言人。然而，為了某些戲劇效果，可能他們真實的模樣早已被曲解。如果古代有論壇，恐怕現在早就炸開了鍋——、

……

今天出門又被扔臭雞蛋了，這是這個月第五十個了！桑心！黑子們老是用各種理由黑我，然而那根本不是我！怎麼辦？線上等！急！

如果舉辦一個洗白大會，怕是會有好些個好漢們會爭相報名。

參賽選手一：

商紂王（西元前一一〇五年～西元前一〇四六年）殷商王朝第三十一代天子。

商紂王本名子受，又稱帝辛。他身材高大，外形健美，能言善辯，筋骨強健，能手格猛獸，一人可當百人之敵。

他繼承天子之位後，鼓勵農桑，普及牛耕與灌溉排水；打擊比干、箕子、微子等王族貴族，不拘一格舉拔人才，從亡虜中提拔了勇士飛廉、惡來為將領，伐黎國，破蘇國，迫使周國暫時降伏，囚禁周文王姬昌，平定了西方和北方各路諸侯。

然後紂王長年攻伐東方的徐淮之夷，奪取江淮地區，讓中國版圖歷史上第一次到達渤海和東海之濱。可謂文韜武略，一代雄主。

豈料姬昌之子周武王姬發，會盟不滿商朝的各路諸侯，趁著商朝大軍仍在討伐東夷途中，組成聯軍，乘虛進攻商朝。紂王只能倉促將大批戰俘武裝成軍，來迎擊周國軍隊。戰俘們在戰場上一觸即潰，全面倒戈，商軍大敗。

紂王遂攜王后蘇妲己自焚於鹿台，末代天子壯烈死社稷。

周王朝出於統治需要，將夏朝末代天子夏桀的那些惡行，原樣不動照抄一遍，更進一步誇大其辭，將紂王這個末代商帝醜化到極限，讓紂王成為後世傳說的頭號昏君和暴君典範，沉冤了整整三千年。

偏偏現在你們還都當真了，他能說什麼？他也很無奈啊！

參賽選手二：

晉厲公（？—前五七三）春秋中期．晉國君主。

晉厲公本名壽曼，是晉景公之子。他即位時，那些隨著晉文公歸國起的功臣們，已經形成諸卿勢力，牢牢把握國政多年，甚至趙氏卿族殺害了晉靈公，還能不被追究。

面對這一痼疾，晉厲公首先選擇對外開戰，即位第二年，在交剛之戰大敗狄人；第三年，晉厲公率領諸國聯軍西伐秦國，在麻隧之戰大敗秦軍，徹底將秦國趕出春秋爭霸舞台；第五年，晉厲公率領中國諸侯於鐘離會盟吳國，讓他們從後方攻擊楚國，並給予各種先進技術和戰法支援，從此吳國逐漸強大，成為楚國心腹之患；第六年，晉厲公出兵伐鄭國，在鄢陵之戰大敗楚軍。對秦楚聯盟的兩場決定性大戰獲勝後，晉國奪回了楚莊王稱霸時丟失的霸權，新任天下霸主晉厲公威信空前高漲。接下來，他就和國家內部的敵人開戰，準備逐步削減各大卿族勢力。

第一步，晉厲公以八百兵士奇襲，順利地攻滅了郤氏卿族，並且生擒了欒氏卿族與中行氏卿族兩家的家主，欒書和中行偃。可惜這時晉厲公卻沒有當機立斷，而是為了穩定局勢，恢復這兩人職位。

欒書和中行偃表面俯首臣服，卻在一年後，乘著晉厲公帶少量兵士去做客時，將他生擒並殺害。

晉厲公是最後一個打算一勞永逸解決諸卿問題、強化公室集權的晉國國君。他死後，晉國公室實力大損，諸卿分晉之禍已露端倪，再不可逆轉，最終導致趙魏韓三家卿族瓜分晉國，成為新任諸侯。

選手自白：哎沒用的沒用的，反正我現在在你們眼裡就是一個殺害忠臣、任用小人、好色且心胸狹隘的昏君，哼！

參賽選手三：

宋王偃（？～西元前二八六年）戰國．宋國國王。

宋王偃又稱宋獻王，是宋國第三十五任國君，原名戴偃。他猶如自己的英雄先祖商紂王轉世一般，自幼面有神光，少年時力大無窮，能讓鐵鉤屈伸。後來驅逐了平庸的兄長剔成，自立為國君。

宋國在宋襄公爭霸失敗後，長年被晉、楚兩大國攻伐，迫使站隊，早已不復大國地位數百年。宋王偃勵精圖治，以嚴刑酷法來富國強兵，很快令宋國轉弱為強。

宋王偃利用其它大國爭鬥的間隙，連橫合縱，擴張勢力，先後東伐齊國，奪取五城；南敗楚國，占據淮北，拓地三百餘里；西敗魏國，取二城；攻滅滕國，有其地；令宋國版圖擴張了幾倍，控制了天下最膏腴的淮泗之地，遂號稱「五千乘之勁宋」。在宋王偃的時代，宋國躋身戰國列強之列，是名副其實的「戰國八雄」之一。

宋王偃統治了國家四十二年，因為年事已高，他的太子等不及了，與父王相爭導致國家內亂。之前被宋國奪取土地的齊魏楚三國，組成了聯軍來攻。宋王偃被迫出逃，死於魏國溫邑。

齊國占領了豐饒的宋地大部分地區，版圖擴大一倍，也因此招致了各諸侯的嫉恨和忌憚，燕國組建的五國聯軍攻齊，令齊國幾乎滅亡，從此一蹶不振。

選手自白：我不就是在位時間短了一點嗎？你們至於這樣對我嗎。我明明一點也不暴虐！也不看看是誰把宋國帶起來的，哼。

參賽選手四：

吳王夫差（？～西元前四七三年）春秋．吳國國王。

吳王闔閭伐越，兵敗身死，太子夫差繼位後勵精圖治，三年後在夫椒之戰中大敗越國，攻破越都會稽，接受越王勾踐降伏。之後夫差致力於北上爭霸，開鑿邗溝、築邗城，攻滅徐國，侵伐齊魯。

艾陵之戰中，夫差破除陳規，部署兵力錯落有秩，分己軍為誘敵，接戰，機動，相持時果斷投入主力，圍殲了十萬齊軍，俘其主帥。這是中國軍事史上的第一次大規模殲滅戰，同時也可能是第一次有紀錄使用戰場預備隊。

此戰之後，魯、衛並淮泗諸侯盡皆臣服於吳。夫差乘勝欲與晉國爭霸，此時因長年征戰，國力消耗，後方空虛，越國趁虛攻破吳都。夫差封鎖消息，在黃池大會壓服晉國，正式成為天下霸主，而後千里回援，以百戰兵威，迫退越軍，然國力已然大損。

之後的七年間，吳國又屢遭楚、越兩國攻擊，天災也接踵而來，夫差甚至不得不散兵為民，耕種圖存。面對如此窘境，無力回天，最終自殺殉國。

夫差當年放過勾踐，是因為他有志於做整個天下的霸主，而不僅僅是和後來的勾踐那樣，滿足於江東一畝三分地，做個土霸王。所以才要寬恕此前的仇人，讓其他國家君主瞭解他的寬大心胸。

不公平不公平，雖然說成王敗寇吧，但也不至於這樣黑我吧？感覺我現在就是一個沉迷女色、腦子空空、還愚蠢到放過敵人的傻子！

選手自白：

參賽選手四：

龐涓（？～西元前三四二年）戰國．魏國名將。

龐涓是河西龐城人，初於鬼穀子，習兵法。後為魏惠王將軍。魏惠王即位之初，魏國差點被韓趙兩國瓜分滅國。魏惠王得到龐涓之後，他為魏國東征西討，屢戰屢勝。龐涓曾經聲東擊西，渡過黃河，大敗秦軍，一舉攻破了秦國新都櫟陽。之後又連續擊敗趙軍，兵臨趙國都城邯鄲，一舉將其攻克，迫使趙國臣服。連破兩國國都，也讓魏國聲威大振。

因為他的同學孫臏是齊國人，龐涓擔心他為齊國所用，對魏國不利，便誘其入魏，處以臏刑，正當打算一舉永除後患時，孫臏裝瘋逃回齊國，和田忌伏兵於桂陵，截擊了龐涓的攻趙大軍。

次年在襄陵之戰，龐涓一雪前恥，擊敗齊宋兩國聯軍。然後他率軍西攻秦國，收復安邑，少梁，追至河西，圍困定陽，秦軍屢戰屢敗，請和於彤。魏惠王遂於逢澤會盟十二國諸侯，正式稱霸中原。

後來龐涓率軍攻韓國，迎戰田肦為主將、田忌為副將、孫臏為軍師的援韓齊軍，中了孫臏減灶之計，在馬陵遇伏，兵敗自殺。

龐涓本是關東六國首屈一指的名將，他一生戰功赫赫，比之廉頗、田單、樂毅等著名將領亦毫不遜色，更和前輩吳起一起，堪稱秦國史上的兩大噩夢。

選手自白：我不想說話了，反正現在提起我就是「龐涓死於此樹下」的笑話……哦對，我還是個嫉賢妒能的小人。我選擇死亡。

不說了不說了，把把都是淚，本次洗白大會現在暫時告一段落，各位選手表示想要舒緩一下內心的憤懣，下次有緣再見。

卷三

宮廷祕聞！直擊眞實的宮廷詳情

1 大型遊戲後宮三千人正在上線……

文／一握灰

通常來說，在這樣的題目下一般都是引經據典的嚴密考證，條理清晰地告訴你古代皇帝的後宮生活並不如流傳的那般紛華靡麗，皇帝縱有三千佳麗，也不得不循規蹈矩甚至悲慘度日。然而，沒錯，然而，古代皇帝的日子其實過得那叫一個旖旎繾綣，裘馬輕肥，醉生夢死——起碼絕大部分皇帝都是如此。

這年頭宮鬥劇盛行，大家對歷朝歷代尤其是清朝的深宮內闈之事都耳熟能詳。提起清朝皇帝的夜間活動，一般都會想到三個關鍵字：翻牌子、抗被子、腳丫子。大致流程就是每晚皇上用膳完畢，敬事房的總管太監就端著個大銀盤上來，盤裡擺著十幾塊到幾十塊不等的綠牌子，牌面上寫著妃嬪們的名字。皇上想睡誰，就把誰的牌子翻過去。被翻牌的妃子經過香湯沐浴再被裸著裹進被子裡，由太監背著送到龍床上。這還不算完，妃子只能被放在皇上的腳邊，再從龍足處鑽進皇帝的被子裡。

聽起來有些不近人情的荒謬，對不？因為它，的的確確是後人杜撰的

清史專家朱家溍在《故宮退食錄》一書中駁斥了妃子被裹成花卷的謠言：「……在皇帝吃晚飯時遞綠頭籤，就像皇上吃早飯時遞綠頭簽召見官員一樣，遞膳牌。妃嬪晚上都到燕喜堂等候傳喚，皇上叫某妃就把桌上的某妃的綠頭簽翻過，內殿首領就叫某妃，某妃就陪著吃晚飯，晚上共同生活，其餘『叫散』，未被傳喚的妃嬪等於下班回去了，就是這種形式。從前筆記傳說妃和皇帝睡覺脫了衣服拿被子裹上扛著進去，不要說制度上沒有這種規定，人和人的關係，不管是愛的關係或是性的關係，如果採用這種制度是不可能的，純粹是胡說。」

而在宮鬥劇裡掌管床幃之事的黃暴機構敬事房，其職能也被添加了過多的獵奇色彩。清朝末代皇帝溥儀所著的《我的前半生》一書，描述敬事房只是一個負責對太監宮女進行獎懲管理的機構，並不負責所謂的「皇帝交媾之事」。

有些失望？別著急，讓我們把時鐘往回撥，從洪荒時代開始說起。

上古部落時期，首領的配偶統稱為妃。《史記．五帝本紀》記載：「嫘祖為黃帝正妃」；晉代皇甫謐在《帝王世紀》中，又補充了很多黃帝的家庭成員，說他一共立了四妃，除元妃嫘祖外，還有三個次妃，一個叫方雷氏，一個叫彤魚氏，還有一個叫

嫫母；唐代司馬貞在《史記索隱》中記到：「黃帝立四妃，象后妃四星」。

黃帝的這四位妃子皆是德厚流光之人，不僅無爭風吃醋之事，還互相扶持，各有所長：螺祖發明了養蠶，彤魚氏教會人們烹飪熟食，方雷氏製造了梳子，嫫母發現了鏡子。

黃帝共有二十五個兒子，不少皆為四妃所出，由此推斷，人文始祖的性生活那是相當和諧美滿了。

黃帝的曾孫帝嚳也有四妃，《大戴禮記．帝系》記載：「帝嚳蔔其四妃之子，而皆有天下。」這可不得了，帝嚳給自己的四位元妃子占卜，結果顯示她們的兒子都將成為天下的主宰。這些兒子們都是誰呢？上妃姜嫄氏，生了後稷（五穀之神）；次妃簡狄氏，生了契（商族始祖）；次妃陳豐氏，生了堯（五帝之一）；次妃娵訾氏，生了摯（部落首領）。

考慮到遠古時期極端惡劣的生存環境，帝嚳的四妃都有順利長大成人的兒子，也足以說明他老人家在繁衍子息上很下功夫。

夏商時期，君王的後宮史料普遍缺失，但有兩人的後宮不能不提，那就是雄踞荒淫無道暴君榜前列的夏桀與商紂，這哥倆常被並稱為桀紂，已經成了殘暴無度的昏君的代名詞。

夏桀的後宮驕奢淫逸成就：據《竹書紀年》記載，他「築傾宮、飾瑤台、作瓊室、立玉門」。西漢劉向在《列女傳》裡寫到：「桀既棄禮義，淫於婦人，求美女，積之於後宮，收倡優、侏儒、狎徒能為奇偉戲者，聚之於旁。造爛漫之樂，日夜與末喜及宮女飲酒，無有休時。置末喜於膝上，聽用其言。昏亂失道，驕奢自恣。為酒池可以運舟，醉而溺死者，末喜笑之以為樂。」這還不算，晉代皇甫謐的《帝王世紀》有云：「妹喜好聞裂繒之聲而笑，桀為發繒裂之，以順適其意。」

總之，夏桀把好色演繹得淋漓盡致，他的後宮生活基本能概括為：隨時隨地，想啪就啪，孤要窮奢極欲，孤的美人亦能隨心所欲！《竹書記年》甚至認為，因為夏桀沉迷其他美人而冷落了妹喜，導致她暗中聯合伊尹，共同助商滅夏。

後宮有危險，逞欲需三思啊。

我們再來看看商紂的後宮放縱淫樂成就：《尚書．泰誓》記載：「今商王受……作奇技淫巧以悅婦人」，《尚書．牧誓》記載：「今商王受，惟婦言是用」。即是說紂王不僅整天變著花樣討好後宮的美人們，還色迷心竅對她們言聽計從。

到了《史記》裡，紂王的後宮生活愈發出格了。他好酒淫樂，寵幸美人，「愛妲己，妲己之言是從」，命令樂師作靡靡淫聲，建鹿台，造酒池，懸肉為林，「使男女裸相逐其閑」。這導欲宣淫的畫面感實在太強了，想像一下就覺得辣眼睛啊！

可能是因為紂王在後宮淫樂上實在是過於別出心裁，於是後世但凡提到商朝的滅亡，都不免要在他的放蕩的性生活記上一筆。

或許是因為桀紂鬧出的靜實在太大，到了尊崇禮儀的周代，立刻對天子的後宮做了明確規定。

在《禮記．昏義》中記載的周代后妃制度是：「天子後立六宮、三夫人、九嬪、二十七位世婦、八十一御妻」，這加起來是一百二十六個老婆。這一百多個老婆還不能隨便睡，《周禮》要求：「女御八十一人，當九夕。世婦二十七人，當三夕。九嬪九人，當一夕。三夫人，當一夕。后。當一夕。十五日而遍」。

啥意思呢，八十一個御妻分成九組，每組九人，各組輪流去陪天子睡覺。世婦二十七人，分成三組，每組也是九人，每組各陪一晚。九嬪就不用分了，大家組團齊上陣。三位夫人同樣抱團陪一晚。至於最尊貴的「后」，她可以獨享天子，過一宿的二人世界。

好傢伙，這輪一圈下來都十五天了，幸好周代的侍寢就是服侍天子入睡，夏天搖扇子冬天暖被窩，不用必須來一發，不然每晚九人……天子恐怕要吃不消。

但是這樣輪班上崗的侍寢制度天子不喜歡啊，我要寵幸哪個美人豈不是得等半個月才能見一回？到了禮崩樂壞的西周末年，這套天子啪啪指南基本就名存實亡了，比如周幽王沉湎酒色，專幸褒姒，還為她廢后……這後宮基本就一團亂了。

春秋戰國，諸侯稱雄，烽煙不斷，各國君主抓緊時間製造後代，關上門老婆孩子熱炕頭，啪啪啪已經成了君主的職責之一。

其實自古以來男人和女人滾成堆的那點事，再能折騰也玩不出多少新花樣，後世的皇帝們一琢磨，不行，不能輸，咱得另闢蹊徑，雖然啪的過程沒法推陳出新，但是我們可以在前戲上破除窠臼啊。

這就要誇一誇唐朝的皇帝們了。都言「後宮佳麗三千人」，然則三千不過是個虛數，唐朝後宮內妃嬪宮娥多達數萬名。這麼多美人，累死皇帝也睡不過來吧？咱也別操那份閒心，人家自由安排。唐代的侍寢制度與周代大同小異，按照月亮的盈虧來排班。每月的前十五日月亮漸滿，所以從初一到十五就由地位低的妃嬪輪到地位高的妃嬪；後十五日月亮漸缺，那從每月十六到月底就由地位高的輪到地位低的，皇后及四夫人有優先權，九嬪以下則「九九而御」，即每九個人共同承恩一夜。

這制度看著不錯吧，執行起來卻困難，皇帝拍著龍椅不樂意：朕乃天子，想睡誰就睡誰！

唐玄宗想了一招，他召集妃嬪，幹嘛呢，聚眾賭博。妃嬪們擲金錢投骰子，誰的點數大，誰就當夜侍寢。以致於開元年間，宮人都將這種骰子稱作「銼角媒人」。

天天玩骰子容易膩，而且不夠風雅。唐玄宗玩的是高雅藝術，在選妃侍寢工作上也講求風流雅致，「蝶幸」、「螢幸」、「香幸」都出自他的手筆。

春秋季節，玄宗令後宮妃嬪們在門前栽花，他瞅准一隻蝴蝶就跟著走，蝴蝶落在誰的門前，當晚便宿在該處，稱此為「蝶幸」。

那夏天怎麼辦呢？沒了蝴蝶，有螢火蟲啊！唐玄宗又讓妃嬪們競相撲捉流螢，誰先捕獲了螢蟲，誰就承幸，稱之為「螢幸」。

那要是颳風下雨天呢？咱可以搞些室內活動嘛，唐玄宗會向妃嬪投擲香囊，以中者得幸，即為「香幸」。

類似的還有抛橘子，唐代詩人王建在《宮詞》裡描述：「叢叢洗手繞金盆，旋拭紅巾入殿門。眾裡遙抛新橘子，在前收得便承恩。」是說皇帝把嬪妃們召集起來，向大家抛擲橘子，搶到的人就可以「承恩」了。

其實早在唐朝之前，晉朝開國皇帝司馬炎已經革故鼎新，搞出了「羊車」約炮法。據《晉書》記載，司馬炎坐著羊車在宮苑內隨意遊歷，羊車停在哪位妃嬪的住所前，他就去臨幸哪位妃嬪。有位美人便在門前插竹子，在地上撒鹽水，羊循著竹子鹽水的味兒而來，到了門口停下吃食，晉武帝就順勢和她來一發。

當然，也不是所有的皇帝都能享受到無拘無束的性生活。漢代元鳳政變後，霍氏專權，外戚干政，漢昭帝劉弗陵的官幃之事都受霍光控制。他的皇后是霍光的外甥女，兩人成婚時一個八歲，一個六歲。等到漢昭帝稍大後，御醫們順從霍光的授意，以皇帝體弱為由，禁止他去別的妃嬪處居住，更不許召幸。

霍光還規定皇宮內所有女人都必須穿有前後襠的褲子，不許穿裙子，所穿的前後襠褲子還要多紮褲帶，以免年輕皇帝一時衝動臨幸其他的妃嬪。霍光這樣做，是為了讓他的外甥女為劉弗陵生下有霍氏血脈的皇位繼承人。

結果呢，上官皇后雖專房擅寵，卻不曾生下孩子，導致漢昭帝在位十三年，卻無子嗣。

這樣看看，漢昭帝不僅被限制了約炮自主選擇權，恐怕每次房事心裡都分外苦悶不甘。

然而性生活憋屈的皇帝畢竟是少數，所以如果能穿越，還是想過一把後宮美人們鋪宮焚香的皇帝癮啊！

② 古代帝王平日說話會文謅謅的嗎？

文／營三千

翻開語文課本，相信大家都會記起曾經被文言文支配的恐懼。古代的人，對話真的就像文言文那樣嗎？下面我們就請出幾位皇帝大佬們現身說法：

這是洪武戊申十一月十四日那天的早上，早朝時間。

宣聖五十五代襲封衍聖公臣孔克堅於謹身殿同文武百官面奉聖旨：「老秀才，近前來，您多少年紀也？」

臣對曰：「五十三歲。」

朱元璋大大曰：「我看您是個有福快活的人，不委付您勾當，您常常寫書與您的孩兒，我看他資質也溫厚，是成家的人。您祖宗留下三綱五常垂憲萬世的好法度，您家裡不讀書是不守您祖宗法度，如何中用？您老也常寫書教訓者，休怠惰了。於我朝代裡，您家裡再出一個好人呵不好？」（嗯，好好好……都挺您的，您說了算）

二十日，於謹身殿西頭廊房下奏上位：「曲阜進表的回去，臣將主上十四日戒諭的聖旨，備細寫將去了。」

上喜曰：「道與他，少吃酒，多讀書，欽此。」

（這怎麼就欽此了？少喝酒多讀書？這是聖旨？！！任性！說好的奉天承運皇帝詔曰呢！這和一般的嘮家常有啥區別，看來朱元璋大佬是個體恤大臣們的好皇帝。）

——葉盛《水東日記》

到了朱祁鎮這裡，這種親民的特徵更是進一步加深了。

當時當時甘肅總兵官，會推恭順侯吳瑾，朱祁鎮覺得他是個人才，於是便召問王公（王翱），想問問他的意見，沒想到王公以為不可用。

英廟遽曰：「老王執拗，外庭皆道此人好，獨爾以為不好，何也？」王公叩頭曰：「吳瑾是色目人，甘肅地近西域，多回回雜處，豈不笑我中國乏人？」英廟即撫掌曰：「還是老王有見識！」（哎喲喂，一口一個老王，叫的真親切哦）

——陸深《溪山餘話》

而到了朱祐樘和朱厚照這一對父子這裡，更是放飛自我了。

上（朱祐樘）曰：「文書尚多，都要一看下去也是，閑就此商量豈不好？」上指餘本謂左右曰：「此皆常行事，不過該衙門知道耳。」乃皆叩頭退。上復顧左右曰：「吃茶。」（嗯嗯嗯，我們吃茶，吃茶。）上（朱厚照）正色曰：「天下事豈只役幾個內官壞了？譬知十個人也，只有三四個好，便有六七個壞事的人，先生輩亦自知道。」

——李東陽《燕對錄》

明朝的這種習慣到了後來連上諭也走的這種簡單、粗暴、直白的風格。

明世宗朱厚熜巡回老家承天府（鐘祥）的時候，給當地老鄉發了一道上諭，非常口語化，而且人家自個兒說了，我說的這麼白話不是因為我沒文化，是怕你們聽不懂……

宣諭承天府百姓：

說與故里眾百姓每（們），我的父母，昔在孝宗皇帝時，封國在這裡，積許大的德行，生我承受天位。我今為父母來到這裡，你每（們）也有舊老的，也有與我同後生的，但只是我全（卻）沒德行，父母都天上去了，這苦情你每（們）也見過麼？我今事完回京，說與你每（們）眾百姓，各要為子的盡孝道，為父的教訓子孫，長者扶那幼的，幼的敬那長的，勤生理，做好人，你每（們）依我此言語。非我不能深文，以便那不知文理之人教他便省地，你每（們）可記著。

懂了麼？懂了麼？我真的是一個善解人意的好皇帝。

接下來我們看一段特別有名的「撒嬌」CUT，原來皇帝也可以這樣萌萌噠！

登場人員：明穆宗朱載坖（隆慶）、高拱

上見臣至，色稍平，以手執臣袵甚固，有欲告語意。

臣即奏曰：「皇上為何發怒？今將何往？」

上曰：「吾不還宮矣。」

臣曰：「皇上不還宮當何之？望皇上還宮為是。」

上稍沉思曰：「你送我。」

臣對曰：「臣送皇上。」

上於是釋衣袵而執臣手，露腕以瘡示臣曰：「看吾瘡尚未落痂也。」

隨上金台立，上憤恨語臣曰：「我祖宗二百年天下以至今日，國有長君，社稷之福，爭奈東宮小裡？」連語數次，一語一頓足一握臣手。

臣對曰：「皇上萬壽無疆，何為出此言？」

上曰：「有人欺負我。」

——高拱《病榻遺言》

最後一句「有人欺負我」簡直石破天驚，皇帝大佬瞬間變成了小白兔，你不送我還欺負我，生氣！

及至萬曆年間，明神宗朱翊鈞更是叫出了時下流行的稱呼——幸神皇主意素定，方嚴捕時，召皇太子大聲諭曰：

「哥兒，汝莫恐，不干汝事。汝但去讀書寫字。晏些開門，早些關門。……我還有許多言語，因此忿怒動火，難以盡言。我親筆寫的面諭一本，賜你細加看誦，則知我之心也。」

——朱國楨《湧幢小品》

這一段是妖書案發生之後，上下驚慌，萬曆皇帝就把太子朱常洛叫過來，當面跟他說了幾句話。可以看出萬曆皇帝對太子的稱呼竟然是「哥兒」，好吧，很接地氣……

但是萬曆皇帝啊，在吐槽和罵人這方面的本領更是MAX——

上曰：「人臣事君，該知道理。如今沒個尊卑上下，信口胡說。先年御史有個黨傑，也曾數落我，我也容了。如今雒於仁就和他一般，因是不曾懲創，所以又來說。」

——申時行《召對錄》

這是雒於仁給萬曆上疏把他批判了一番之後，萬曆和申時行聊天時的吐槽……「數落」二字用的甚妙，莫名其妙多了一點委屈感有沒有！

最後給大家展示一對兄弟CP，明熹宗朱由校（天啟）&明思宗朱由檢（崇禎）：

熹宗初即位，上（崇禎）猶在沖齡，忽問曰：「這個官兒我可做得否？」熹宗曰：「我做幾年時，當與汝做。」

——李清《三垣筆記》

嗯，我先幫你穩固幾年，再給你做！乖！

這樣看下來，歷史上的君王雖然常常以威嚴的形象出現，但其實很多時候他們都還是一個很生活、可愛的人！

③ 妃子們的薪水有多少？夠生活嗎？

文／清夜月

現代社會三大鐵飯碗，國營企業，教師，公務員。

所謂公務員，國家最新定義，是指依法履行公職，納入編制，由國家負擔工資、福利的工作人員。

這麼一想，古代後宮的妃子們，履行著為皇帝找樂子，給皇帝生孩子的神聖使命，成為了後宮編制中理論上必不可少實際沒誰都一樣的一員，國家就也該給發薪水了吧？

古代皇帝很高貴，所以皇帝的後宮也很高貴，皇帝身邊的人是外邊所有人的主子，這好像是個不成文的規矩。於是到了現在，這種高貴可能就體現在隨隨便便什麼皇帝的枕邊人，就能用錢砸死人的言論上。

——「來啊，賞小鄧子三百兩金子。」

我的媽這位貴人，您的手筆是不是大了點。

但其實古代皇帝到底給他後宮的公務員們發多少薪水呢？看電視劇看小說，見過一擲千金的貴妃娘娘，也見過吃不飽穿不暖的答應小主。

都是伺候皇上的，慘也不該這麼慘吧？

這年頭流行用石錘說話，慘不慘，拉個薪水袋出來溜達溜達就知道了。

以大家最熟悉、電視劇最愛演的清宮后妃為樣本：

清代後宮，后妃年俸分為九等：

一等為皇太后年俸，每年黃金二十兩，白銀二千兩。

二等為皇后年俸，每年白銀一千兩。

這兩位算是後宮之中最高貴的女人了，拿著獨一份的工資高高在上，再往下，那工資可就真是九斤老太過年，一代不如一代，一代不如一代。

皇貴妃，後宮之中第三高貴的女人，每年可得例銀八百兩，貴妃也差不了多少，每年白銀六百兩。

再往下，那就是我們俗稱的斷崖式跳水了。

妃位每年的俸祿三百兩，嬪位每年的份例二百兩。然後是那些「小草小花一樣開滿各處」的後宮成員們，貴人白銀一百兩，常在白銀五十兩，答應白銀三十兩。

以乾隆年間的物價，一兩銀子等於二百元左右人民幣來折算，皇后差不多能當個年入二十萬的白領吧。

再往下算……橋豆麻袋，那些貴人答應常在，一年也就掙個五位數的，還是在首都這種高消費的地方，夠活嗎？

以現在來說當然是不夠的。

但是當時不是現在啊。

依然還是說乾隆年間的物價，一升上好的大米，大概要十五文錢左右，折算下來，一兩銀子，能買一百五十斤上好的大米。然而現在，我們能吃到的大米里，比較優秀的大概就是五常有機米，二百塊錢，一兩銀子，只能買到二十斤左右。而人一天吃七五〇克左右的大米當主食，就已經很了不得了，更別提那些坐在宮裡沒事就養養花逗逗鳥折騰折騰同事的妃子們了，幹的活少，吃得也少啊。

於是我們得出一個粗略的結論，她們二兩銀子，就能管一年的主食。

說完吃的，那再來看看房價。

乾隆十二年，北京內城西北角太平湖東的七間半瓦房，大小至少也要有個一百坪，只賣了八十五兩，折合台幣七萬四千元左右。那地方約麼等於現在的新街口，而新街口現在的房價，大約在近三十五萬元左右一坪。

這麼一看妃子伺候皇帝兩年，家裡就能在首都內城買套房。這收入換到現在，擱誰誰都能覺得比上不足，比下過得挺舒服的吧。更別提對於後宮嬪妃來說，俸祿只是基本中的基本，她們的衣食住行，都由皇宮定例供應，相當於包你吃包你用包你穿包你住，每年還給你額外發錢。

那她們的吃穿用度又有多少呢？

以後宮階級的中間層，妃為例：

每年一名妃子可以得到如下布料，用來做衣服，做帳子，做……愛做什麼做什麼，都是國家發給你的，願意學晴雯撕扇聽響兒，也沒人攔著。

> 蟒緞一匹，織金一匹，妝緞一匹，倭緞二匹，閃緞一匹，金字緞一匹，雲緞四匹，衣素緞二匹，藍素緞一匹，帽緞一匹，彭緞三匹

> 宮綢一匹，潞綢二匹

> 紗四匹，裡紗五匹，綾五匹，紡絲四匹，杭細五匹，綿綢五匹，高麗布五匹，

三線布二匹，毛青布十匹，深藍布十匹，粗布三匹

金線十絡，絨五斤，棉線三斤，木棉二十斤，裡貂皮十張，烏拉貂皮二十張

這烏泱烏泱一大串列下來，只要不是一件衣服穿一天就扔了，一年綽綽有餘。換到現在，我們每年收入至少要有六分之一，要花在買衣服上吧？

再來看看清宮妃位公務員每天的食物供給：

豬肉九斤，陳粳米一升三合五勺，白麵三斤八兩，白糖三兩，核桃仁一兩，乾棗一兩，香油六兩，雞蛋四個，麵筋四兩，豆腐一斤八兩，粉鍋渣八兩，甜醬六兩五錢，醋二兩五錢，鮮菜十斤，茄子八個，王瓜八條。

除此之外，每月還供給羊十五盤，雞鴨共十只，六安茶葉十四兩，天池茶葉八兩。吃得雖然比不上皇后，但好歹也有雞有鴨有豬有羊了。

再來看用度。

屋內的生活器具呢，皇帝既然包你住了，當然也是會配給你的。

同樣是一個妃子房間裡的鍋碗瓢盆：

> 銀茶甌蓋一件、銀匙一件、銀鑲牙箸一雙、銀茶壺一件、銀銚一件、銀束小刀一件、銅蠟簽四件、銅剪燭罐一副、銅簽盤四件、銅舀一件、銅簸箕一件、錫茶碗蓋二件、錫茶壺四件、錫銚三件、錫火壺三件、錫坐壺二件、錫噴壺一件、錫唾盂二件、鍍金鐵雲包角桌椅板凳一件、鍍銀鐵鑷一件、黃地綠龍瓷盤二件、各色磁瓷二十件、黃地綠龍瓷碟四件、各色瓷碟八件、黃地綠龍瓷碗四件、各色瓷碗三十件、黃地綠龍瓷鐘二件、各色瓷鐘一二件、瓷缸一件、漆盒二件、漆茶盤二件、羊角手把燈一件。

消耗品也另有供給，妃位每天可得白蠟二支，黃蠟二支，羊油蠟二支，夏季每日可得紅籮炭五斤，黑炭二十斤。冬季每日可得紅籮炭八斤，黑炭三十斤。

這還不算櫃子啊床啊之類的大件傢俱，基本上該有的全有了。

而且就好像我們按月領工資，幹好了會有獎金，老闆高興了會有紅包，每年年底的時候還有年終獎，生日節假日都有福利，這些清代後宮的妃子們也一樣都不缺。比如宮鬥最重要的道具，孩子，一般后妃懷了孩子，生了孩子，孩子滿月了。皇帝都會六宮雨露均沾，灑灑喜氣發發紅包，這紅包一般都不小，多多少少加起來，至少也抵一年的份例錢。

君不見連宮女太監都能受賞一個月到三個月的俸祿，更何況這些主子們呢。

所以某清宮戲裡的皇后幹的事那真是相當不划算的，留著那些孩子，一年能多收多少紅包啊。

綜上所述，妃子們的生活，基本上就是只要安分守己不爭不搶，差不多吃穿不愁，手裡有閒錢，但除了送出去給娘家或者分賞上下，基本上沒地方花，皇帝來的時候十分忙碌，皇帝不來的時候十分閑。然而那時候沒有網路也沒有手機，各宮裡規矩嚴謹，來往聊天的也少，那每天呆在屋子裡，除了彈琴繡花養孩子，那可不就只能變著法兒地動腦筋，折騰同事給自己找樂子了嗎？

所以宮裡的大家為什麼要鬥，那確實還是被生活給逼的。

不然生命就真的會像一潭死水，了無生趣。

當然如果有了網，一切都不同了。

【您已加入群組：東六宮和諧上分委員會】

皇后：皇上今晚還宿在翊坤宮，眾姊妹可是要抓緊了。

貴妃A：皇上最近被西邊那幾位勾得五迷三道，可是給了我們不少機會。

妃B：我可得讓底下奴才警醒著點，上次上夜的蠢，皇上來也不知道推辭我睡了，就放他進來，害得我們輸了場順風局。

嬪C：娘娘可還說呢，那次要不是皇后娘娘當機立斷，只怕那一個月，姊妹們的分都白刷了。

妃B：大膽，你這水貨也敢指責本宮！

答應D：敢問皇后娘娘，今晚帶哪幾位姊妹打競技場？

皇后：新來的E妹妹是DPS世家出身，想必技術是極好的，再來兩個輔助一個DPS吧。

一個月後，內務府太監皺著個眉。

「啟奏陛下，東六宮這個月的流量又超了不少，內庫吃緊，奴才們也不敢得罪各位主子限流限速，懇請皇上雨露均沾，心疼心疼奴才。」

皇上眉頭一動，當天晚上，宿在皇后宮中。

皇后：日，今天皇貴妃組織一下競技場，皇上忽然跑來了，我得加個班。

皇貴妃：臣妾領命，既然今日娘娘不在，我們便打個休閒隊，維持手感便好。

妃B：臣妾領命，定當聽從皇貴妃吩咐。

嬪C：臣妾領命，定當聽從皇貴妃吩咐。

答應D：臣妾領命，定當聽從皇貴妃吩咐。

……

【您已加入群組：誰還不是個主力奶怎地】

皇貴妃：E妹妹，我帶你來這裡，便是把你當做心腹。

皇貴妃：皇后拿著個頂級治療帳號，技術卻實在平平，妹妹上次同她打過兩把競技場，應是心知肚明瞭。

……

阿彌陀佛，鸞鳳和鳴，今日東風壓倒西風，大吉大利，大吉大利。

4 願得一人心！扒一扒那些深情帝王們的幸福時光

文／狐狸晨曦

內廷無嬪御，一世一雙人

歷史上一共有三位皇帝，終其一生只有一位皇后，後宮別無嬪御，履行了「一生一世一雙人」。他們是西魏皇帝元欽、宋英宗趙曙和明孝宗朱佑樘。

捨此之外，隋文帝楊堅在一生中的大部分時候也與皇后獨孤伽羅琴瑟如一，別無異生之子。可惜晚節不保，在獨孤後生前便與其他人偷歡，就遺憾地不能列入其中了。

西魏皇帝元欽（五二五—五五四）＆皇后宇文氏（？—五五四）

元欽以權臣宇文泰之女為太子妃，即位後立為皇后，為她專寵後宮，不置嬪御，夫妻恩愛異常。可惜元魏皇族和權臣宇文氏在政治上的對立，終究吞噬了這對年輕夫婦。

元欽即位僅三年，西魏皇族元烈欲謀殺宇文泰，反為其殺。元欽對此不滿有怨言，不甘於傀儡帝王，被宇文泰廢掉。同年四月，被鴆殺。而宇文皇后選擇了為夫殉死，作為對曾經珍愛自己的父親的抗議。

當然，某種意義，這樣的結局對這對苦命鴛鴦也未必不是幸福。若元欽真能得償所願地擊敗宇文氏，重得大權，那麼前提是他必然得到了元魏皇族和一群忠心元魏大臣的擁戴，而這些人又怎麼可能容許自己的皇后是宇文氏的餘孽呢？

> 廢帝皇后宇文氏，周文帝女也。後初產之日，有云氣滿室，芬氳久之。幼有風神，好陳列女圖，置之左右。周文曰：「每見此女，良慰人意。」廢帝之為太子，納為妃。及即位，立為皇后。志操明秀，帝深重之，專寵後宮，不置嬪御。帝既廢崩，後亦以忠於魏室罹禍。
>
> ——《北史．卷十三．列傳第一》

元欽的父親西魏文帝元寶炬和他的母親乙弗皇后也曾是一對極恩愛的夫妻，最後卻為了結好柔然部，被宇文泰所迫，無奈廢之，迎娶柔然公主，卻仍將乙弗氏藏於京師，念念不忘。後來因為柔然以傾國之師大舉南侵，打著替柔然公主出氣的名義，在朝野百官壓力下，元寶炬被迫賜死乙弗氏。乙弗氏留下「願至尊享千萬歲，天下康寧，死無恨也」的遺言，從容自盡。

元寶炬死後，喪儀營治完畢時，群臣發現了他的遺書，請配饗乙弗皇后，於是追謚為文皇后，祔於太廟，夫妻二人被迫生離，陰陽兩隔，死終同葬。

元欽的祖父京兆王元愉，被迫娶宣武帝於皇后的妹妹為妻，元欽的祖母楊婉瀴（為提高身分，認中郎將李恃顯為養父，史書上又稱李氏）是他的寵妾，屢遭於皇后侮辱。是以憤然起兵，立楊婉瀴為皇后，讓她做自己名正言順的妻子。兵敗之後，兩人和四個幼子被擒，押送洛陽。路途中，每到止宿亭傳，元愉必攜楊婉瀴之手，盡其私情。元愉被殺後，楊婉瀴生下他們的遺腹女元明月後，亦被處死。

祖孫三代帝王，皆是情種，然皆是如此悲淒結局。國勢傾頹時，雖九五至尊亦身不由己，可為一歎。

宋英宗憲文肅武宣孝皇帝趙曙（一〇三二－一〇六八）＆宣仁聖烈皇后高滔滔（一〇三二－一〇九三）

因為宋仁宗親生皇子俱都夭折，其堂侄趙曙自幼便養在宮中，以備皇嗣之選。而高滔滔是仁宗曹皇后的外甥女，四歲就被接入宮中，被無親生子女的曹皇后視若己出。

兩個孩童可說是青梅竹馬，自幼感情篤深。

兩人十六歲那年，當時封團練使，在兄弟中排行第十三、人稱「十三團練」的趙曙，迎娶了高滔滔。宋仁宗和曹後為他們主持婚禮，史稱「天子娶婦，皇后嫁女」，盛況一時為佳話。

兩人二十年夫妻，一共生下四個兒子，四個女兒，「鶼鰈情深」這個成語足可形容。

趙曙即位為帝后，養母曹太后覺得皇帝身邊別無嬪御，不合禮制，便勸說外甥女為他納妃，豈料高皇后卻不客氣地頂嘴「我當年嫁給的是十三團練使，又不是嫁給皇帝！」事終不成，傳諸外朝，後被記下時人筆記裡。

而宋代相關史料如在《宋史》、《續資治通鑑長編》，也確實沒有任何趙曙冊封、晉位元妃嬪的相關記載。

根據《建炎以來朝野雜記》，英宗宮人有一位張修容。她是在英宗的孫子哲宗時才封才人，徽宗時才封婕妤、修容。建炎四年（一一三〇年）金軍南下，死於逃難途中，年七十八歲。則生於一〇五三年，比趙曙小二十一歲，趙曙去世時才十五歲。

趙曙即位後身體一直不好，又有高滔滔看管嚴密，連養母兼太后的話都頂了。這個小妃子徒有虛名的可能居多。與她情況類似的，還有一個鮑氏，一個楊氏，也是哲宗徽宗時才得晉封。

可惜這對恩愛夫妻好景亦不長，趙曙即位不久即屢次發病，在位不到五年便去世，年僅三十六歲。

而高滔滔先為皇太后，在長子宋神宗趙頊去世後，成為太皇太后，因其孫宋哲宗年紀尚幼，執政九年，盡廢王安石新法，信用舊黨司馬光等，簡政愛民，被傳統世家譽為「女中堯舜」，六十二歲去世。

> 母曹氏，慈聖光獻後姊也，故后少鞠宮中。時英宗亦在帝所，與後年同，仁宗謂慈聖：「此後之近親，待之宜異，十三長成，可以為婦。」慈聖從之，后卒成婚。（宣仁）生神宗皇帝、吳王顥、潤王顏、益王頵、惠和、賢慧、賢德懿行、舒國四大長公主。
>
> ——《宋會要輯稿》

慈聖一日使親近密以情鐫諭之：「官家即位已久，今聖躬又痊平，豈得左右無一侍禦者耶？」宣仁不樂，曰：「奏知娘娘，新婦嫁十三團練爾，即不曾嫁他官家。」時多傳於外朝。

——宋．蔡絛《鐵圍山叢談》

明孝宗敬皇帝朱佑樘（一四七〇—一五〇五）&孝康敬皇后張氏（一四七一—一五四二）

歷史上切實履行一夫一妻制、後宮無妃的皇帝，其實明孝宗朱佑樘並不是第一個，畢竟有元欽和趙曙兩位前輩珠玉在前。

但如果評選中國古代史「愛妻比賽」冠軍，即使不局限於皇帝這個身分，相信他也同樣有極大可能當選。

孝宗止有孝康皇后。寶山雙峙即泰陵。祭祀更無一妃旁侍侑食。蓋上自青宮婚後。未幾登大位。無論魚貫承恩。即尋常三宮亦不曾備，以至於上仙。

——《萬曆野獲編》

聞帝與張后情好甚篤，終身鮮近嬪御。琴瑟專一，出自掖庭，玄鳥呈祥，遂在中宮，尤舌今僅事云。

——《明史紀事本末》

傳曰：「皇帝容貌何如？」啟曰：「鬚而瘦，顏色白。」傳曰：「聞，中朝不諱屬上言。皇帝子孫蕃盛乎？皇太子兄弟幾何？」啟曰：「皇帝不御後宮，子孫不蕃衍。」

——朝鮮《李朝實錄》

弘治時期，曾有封五夫人的紀錄，是以有人將之誤解成朱佑樘的嬪妃。其實，這些人只是宮中的女官或乳母。五夫人之一榮善夫人項氏，墓誌銘已出土，先後隨侍過代宗朱祁鈺生母吳賢妃、憲宗朱見深生母周皇貴妃。其弘治十年去世時，享年七十二歲，比朱佑樘大了整整四十四歲。

以下是朱佑樘各種彪悍的愛妻事蹟。因為清修《明史》的指導方針之一，是將朱佑樘塑造成可與漢文帝、宋仁宗並列的「三代以下令主」。所以朱佑樘這些事蹟，被認為不符合傳統認知中的明君所為，大都被能省則省了。以此為本撰寫的今人明史科普文《明事》，對此也基本不曾提及、或一筆帶過。

詳細看明朝官修史書《明實錄》和明人各種筆記的記述，方才能看到朱佑樘和張皇后，究竟「情好甚篤，琴瑟專一」到了何等地步。

張皇后原本許聘給一個叫孫伯堅的秀才。只是她未婚夫生了重病，不能迎娶。朱佑樘為東宮時選太子妃，張后家裡想去應選，孫家同意解除婚約。結果張后竟然中選，成了未來國母。

後來好人有好報，孫伯堅的病竟奇跡般好了。

朱佑樘聽說了這事，一登基後，特意給孫伯堅封了中書舍人，孫伯堅的哥哥孫伯強封了司儀署署丞，孫伯堅的老爹孫友封了尚寶少卿，感謝他們的通情達理，讓自己得了一份美滿姻緣。

吏部認為這完全不合規矩，抗議無果。

這位孫秀才也從此官運亨通，只因無意中一段成人之美。最後竟歷弘治、正德、嘉靖三朝，升到了四品尚寶卿的實職高位。而朱佑樘的豁達大氣與從容，亦由此彰顯。

> 孝廟張皇后，興濟人，許聘孫伯堅，病不能娶。孝廟選婚時，後家欲姑令往應，孫弗拒。往中選。後伯堅疾愈，遂與兄伯強因緣戚裡獲官，至章中書舍人是尚寶

卿。伯強至鴻臚寺署丞。

弘治十六年三月辛卯，傳旨授直隸興濟縣學生員孫伯堅為中書舍人，盧永春、孫伯義為鴻臚寺司賓署丞，孫伯強為司儀署署丞。伯堅等皆壽寧侯姻黨也。吏部執奏以為不可，乞收回成命，不允。

嘉靖十二年九月，升掌中書舍人事尚寶司少卿孫伯堅為本司卿。仍加四品服俸視事如舊，以九年秩滿也。

張皇后家的待遇，有明一朝外戚之最。（除非把中山王徐達家也算外戚……）僅僅立后四年，其父張巒便封伯。太子朱厚照一出生，便晉封為侯，死後追封昌國公，也是大明首個追封國公的外戚。兩個弟弟張鶴齡封壽寧侯，張延齡封建昌侯。（對比那位立后整整五十年之後，家裡才封了一個伯爵的英宗錢皇后，還是朱佑樘大封妻家時，看到嫡祖母家如此淒涼，才順手恩封的結果。）因為張巒的昌國公是追封，根據明朝制度，他妻子金氏只能從其子，稱壽寧侯太夫人。朱佑樘特別加封一級，為昌國太夫人。

張皇后的姑父高祿擢升禮部尚書，堂叔張岳、侄子張教、表弟金琦、乾伯張嶙、義弟張忱封三品錦衣衛指揮使，表弟高峘封四品錦衣衛指揮僉事，此外張氏親戚還有錦衣衛千戶、百戶若干。

朱佑樘甚至應他岳母金氏之請，連他岳父從前的小妾湯氏都追封成了六品誥命安人。

多謀善智的首輔劉吉，長年營私為言官彈劾卻屹立不倒，居內閣十八年，被稱為「劉綿花」。只因反對朱佑樘如此破格寵遇張家，超過了其祖母太皇太后周家和嫡母王太后家，就被朱佑樘趕走致仕。

后立之四年，封后父巒為壽寧伯，進爵為侯，卒贈昌國公。子鶴齡嗣侯，後封鶴齡弟延齡為建昌伯，亦進爵為侯。后家宗戚多遷秩授官，寵遇之盛，前後莫與比。

——萬斯同《明史・后妃傳》

吉柄政久，權勢烜赫。帝初傾心聽信，後眷頗衰。而吉終無去志。五年，帝欲封後弟伯爵，命吉撰誥券。吉言必盡封二太后家子弟方可。帝不悅，遣中官至其家，諷令致仕，始上章引退。

吉多智數，善附會，自緣飾，銳於營私，時為言路所攻。居內閣十八年，人目之為「劉綿花」，以其耐彈也。

——《明史．劉吉傳》

丙午加封皇親壽寧侯張鶴齡母夫人金氏為昌國太夫人，從其夫贈昌國公巒爵號也。凡稱太夫人皆以子貴，無從贈夫之例，特與之。

——《明實錄》

弘治四年九月甲午，贈皇親壽寧伯張巒故妾湯氏為安人，並賜祭，不為例，從巒妻夫人金氏請也。

——《明實錄》

明朝規定，一個親王死後墳地面積為五十畝，郡王三十畝，而朱佑樘給他岳父張巒一次就批發了翠微山三十頃用作墳地，相當於六十個親王、一百個君王按朝廷規制可用的面積，並為此調動了京師三大營官軍上萬人興建。

兵部尚書馬文升諫言九事、刑部尚書彭韶諫言四事，都特別對此提出異議，而朱佑樘的態度是，其他事一律令有司督辦，唯獨此事，虛心聽從，堅決不改。

弘治十一年，朱佑樘又特別派人到張皇后的家鄉河間府興濟縣，動用國庫重金，歷時一年修建了崇真宮，作為張皇后的家廟，也預備做他夫婦省親的行宮。同時還為張皇后的曾祖、祖父等先人在此修建了墳墓，規制和翠微山（香山）的張巒墓相同。

朱佑樘還親筆為張巒書寫神道碑，碑文曰：「生巒，名成，貢太學，未仕。娶昌國太夫人金氏，實生今中宮，為朕佳配，誕育皇儲，綿中國家億萬年之祚……」

而有明一朝，皇帝為臣子御筆神道碑只有三例，另外兩例分別是朱元璋為大將軍徐達；朱棣為黑衣宰相姚廣孝；而朱佑樘為他這個岳父……只能無言。

更有甚者，朱佑樘還親筆為張皇后家廟題匾曰：「龍窩」——這真的是那個被後世稱為明代明君楷模的朱佑樘？朱元璋和朱棣若在天有靈，只怕也要敲斷他的腿了。

正統十三年，定親王塋地五十畝，房十五間。郡王塋地三十畝，房九間。

——《明史》

給故壽寧侯張巒墳地三十頃於翠微山。

——《明實錄》

兵部尚書馬文升等應詔言九事：「一停工役，以恤操軍。謂近日造昌國公張巒並仙游公主墳及修理玄武門金水河浣衣局，俱於三大營撥官軍，又於團營增撥。臣惟各營官軍所以拱護宸居，不為工役。而設令前項工役並在一時，以致各軍財殫力屈。乞裁處應早完者為之程限，應暫停者權令停止。其團營官軍此後仍遵詔旨，不許擅請差撥以損銳氣。」上曰：「所言是。清屯田等八事皆准行，金水河岸及昌國公墳工役令督趨早完，其餘所司查勘以聞。」

——《明實錄》

刑部尚書彭韶等陳四事謂：「昌國公張巒塋域比諸皇親，相去懸絕，特遣大臣督軍營造」……上曰：「幾務早決，朕自處分。昌國公墳塋已有成命，督令速完。其餘事所司知之。」

——《明實錄》

明初，文武大臣薨逝，例請於上，命翰林官製文，立神道碑。惟太祖時中山王徐達、成祖時榮國公姚廣孝及弘治中昌國公張巒治先塋，皆出御筆。

——《明史》

在興濟縣城外，西臨禦河，明昭聖皇后誕育處。弘治中，敕建宮於梓裡，御製匾額曰：「龍窩。」

御製神道碑：國朝文武大臣薨世，例請於上，命翰林儒臣制文立碑，以後漸不請。唯中山王，姚恭靖乃二聖御筆。弘治中昌國公先塚亦然。若永嘉侯擴至之類，則上偶為之，非以為榮重也。

——《興濟縣誌書》

——《弇山堂別集》

歷朝歷代，皇帝和皇后都是不住一起的，在明朝皇帝住乾清宮，皇后住坤寧宮。按明宮規矩，帝后也不能通宵同宿。每次召幸皇后完畢，便要由宦官前後執火把，送皇后回宮。

只有朱佑樘寵愛張皇后，兩人如民間夫婦一般共同起居。此事連宮外甚至藩國也人盡皆知。朝鮮使臣還特別報告其國主，朱佑樘因為「溺愛皇后」，所以視朝早晚不定。

張皇后有次生口瘡，朱佑樘親自為她端水傳藥，不敢咳嗽怕驚擾她休息。在封建男權時代，尋常丈夫肯如此對妻子已屬佳話，何況是九五之尊，難怪一邊的宮女都目瞪口呆。

而某個大膽的貢生魏莊渠，本是閣臣內定的狀元，卻在殿試時胡寫「聽說陛下每天在皇后宮中多，在自己宮裡少」，於是好好的狀元郎飛了，貶到二甲第九名。也虧他是碰到了好脾氣的朱佑樘，要換了是朱重八朱棣，嘖嘖，真是畫美不看。

上住乾清，雖時過后妃各宮，至暮必歸乾清，然後宣召，后妃不奉宣召，即各宿其宮不至也。此本朝制度之善，即妒忌無所施矣。

——崇禎朝大臣楊士聰．撰《玉堂薈記》

舊制，帝與后無通宵宿者，預幸方召之。幸後，中人前後執火炬擁後以回，云避寒氣。惟孝廟最寵愛敬皇后，遂淹宿若民間夫婦。

——《宙載》

孝宗即位，立為后。篤愛，宮中同起居，無所別寵，有如民間伉儷然者。

——《勝朝彤史拾遺記》

魏莊渠與顧未齋同舉進士，廷試日，閣臣初擬定魏公第一，因其策中有云：「聞陛下一日之間，在坤寧宮之時多，在乾清宮之時少。」不可宣讀，抑置二甲第九，而未齋遂得首擢。

——《說聽》

燕山君：「皇帝視朝有早晚乎？」樸處綸：「皇帝視朝或平明，或日高，早晚無節。中朝人有云溺愛皇后，視朝常晏。」

——《燕山君日記》

張后嘗患口瘡，太醫院進藥，宮人無敢傳者。院使劉文泰方受孝宗寵顧，忽得密旨選一女醫入視。帝親率登御榻傳藥，又親持漱水與后。宮人扶后起坐，瞪目視帝。少頃，帝趨下榻。蓋將咳，恐驚后也。其厚倫篤愛若此。

——明．陸楫《蒹葭堂雜著摘抄》

明朝制度，后妃的母親很少有能進宮探望女兒的，一直到崇禎朝，寵妃田貴妃的母親入宮，還被當做件稀罕事記下。唯獨孝宗張皇后的母親金夫人，出入皇宮如自家庭院。朱佑樘還特意派京軍八千人，給她在宮中特別修築宮室。

朱佑樘在宮中宴請，看到自己和皇后的餐具是金器，岳母用的餐具是銀器，還因此不悅，聽說是宮中制度，遂將整套餐具都賜予金夫人。張皇后說：「我母親領了賞，父親還沒得到賞賜呢！」朱佑樘馬上又賜御膳一席，說要「令張氏世世為美談也」。

在這條明人紀錄中，張皇后在朱佑樘面前的自稱，是很自然的「吾」，而不是皇后當用的謙稱「妾」；而另一條明人紀錄，著名寵妃鄭貴妃，在萬曆帝面前也只能自稱為「奴」。

先朝后妃母罕入宮者，惟孝宗張后母金夫人時得入見，蓋繼於周而數於田也。

——《三垣筆記》

為巒作塚翠微山，發京軍至萬人。後母金夫人入宮治宮室，發京軍八千人，又為後立家廟與濟，宏傑壯麗，作者數年乃息。

——萬斯同《明史·后妃傳》

張后母金夫人至宮中。既設燕，帝后二席在正殿，夫人席在旁殿。帝與後親往視之，所用器皆銀。帝問內豎曰：何故器用銀？對曰：舊制也。帝欲特用金器。燕畢，盡賜之。後曰：母已領恩賜，吾父則未嘗君食也。帝命即撤後膳一席賜之，令張氏世世為美談也。

——明·陸楫《蒹葭堂雜著摘抄》

在朱佑樘遮護下，張皇后確是恃驕而寵。甚至連朱佑樘給太子朱厚照乳母的賞賜，她看到了也要沒收。有次朱佑樘故意和她開玩笑，讓小朱厚照拍她，小朱拍了；再讓小朱拍他乳母，畢竟是真正朝夕相處的人，小朱不忍心，張皇后大為生氣，直接就把這個乳母趕出宮去了……

這樁笑話的後續：小朱丟了奶娘，大哭不止，朱佑樘夫妻急得一頓飯功夫，連派了四次宦官，催乳母趕緊回宮。乳母還傲嬌狀，說這家人不好伺候，寧可自盡，張皇后嚇得趕緊把之前沒收的賞賜都送回來，朱佑樘又特旨重賞了乳母丈夫一家，才把人請回。小朱開心了，全家都開心了。

武宗為太子時，乳母某氏在宮中。孝宗臨視乳哺，每賞賜，多為張后所收，未嘗謝恩。帝疑問，以實對。他日，又面賜酒食，對帝后食。畢，因抱太子，不能起謝。又因太子啼泣，帝后親蹲視之。帝命乳母坐勿起。他日，帝戲謂太子擊后，太子擊之。命擊乳母，太子不忍擊也。后由是大怒，面叱出之。既歸，其夫驚曰：「保保之位千金不易得，顧不謹畏，獲罪而出，奈何？」乳母曰：「此為汝增千金，寧畏出耶？吾居宮中未嘗得滋味，第急買肉，多用鹽醬治具為食。」食未畢，中使果至召之。言太子失乳母，啼不能止，帝后急宣汝。催逼就道。乳母故不行，且欲自盡。后驚懼，盡還帝累賜恩典。帝又厚賜其夫。往復數四，方發行，報使相望。太子見之，始復初。

一對各有缺陷、並不完美，卻帶著煙火氣息的帝后，相處猶如尋常人家。也無怪他們的愛情結晶，會成為幾千年來最真性情的一代帝王。

當然，朱佑樘畢竟是一代明君，並非昏君，對妻子娘家也不是一味遷就。有個管寶藏庫太監叫王禮，送了幾千兩銀子給金夫人，勸她給張皇后吹風，派自己去廣東珠池採取珍珠，做一件珍珠袍子，好借機去廣東刮地皮。朱佑樘讓王禮和司禮監太監蕭敬一起查看內帑，從朱棣之後諸帝貯藏的珍珠中，擇取了光澤明瑩者若干顆，製為珍珠袍讓張皇后滿意。回頭便警告王禮，已識破他的圖謀，這番也罷，下回再犯，把你剝皮示眾！王禮嚇得半死，幾千兩銀子權當買個教訓了。

中官張后欲製珠袍，乘間語上曰：「須差管寶藏庫太監王禮廣東珠池採取，則整齊可觀。」上不聽，乃宣禮及蕭敬同檢內帑所藏。蕭以太祖所蓄不敢動，太宗而下儲物悉取來觀，因擇其光澤明瑩者若干顆，制為袍，余復發回原藏貯之。他日，顧禮責之曰：「內帑盡有好珠，汝卻藉此欲往廣東，生事壞法，擾害百姓，彼何以堪！這遭且將就罷，今後再敢來說，必剝皮示眾！」先是禮進銀數千兩，浼金夫人啟此釁端。禮聞上言，心甚驚怖，更不敢有失。

——《治世余聞》

壽寧侯張鶴齡和建昌侯張延齡這兩兄弟，不到十歲就成了當朝國舅爺，又因父親早死，母姊溺愛，頗多不法行事，朱佑樘瞧在妻子面上，對兩個內弟一邊優容，一邊也盡力約束其行止。

有一回司禮太監蕭敬等宦官，和刑部侍郎屠勳等朝官一起，處置了二張侵占民田的家奴。張皇后聽聞此事大怒，說「外面的朝官我管不了，你們太監本是家奴，也敢欺到頭上？」朱佑樘一邊跟著妻子吆　蕭敬等，過後卻私下賞賜每人各五十兩，說「我方才是不得已，不能傷了皇后心，這點銀子給你們壓驚，別傳到外面去。」——可惜這事終究還是傳到朝官筆記裡了，銀子也和王禮的一樣白給了，一笑。

> 后二弟俱封爵，勢傾中外。有仇家奏其侵民業為莊田者，上命司禮太監蕭敬、刑部侍郎屠勳、大理寺丞某往勘之。敬與勳等俱秉公將二張家奴數人依律問處，敬覆命於內廷。適當上與後方對膳，後聞甚怒曰：「外邊官人每無狀，猶可。汝狗奴亦若是耶？」上亦佯怒且罵。及後退，呼敬曰：「才所言非我本意，汝得無泄此語耶？恐外邊官人每聞之驚破膽也。」敬力辨未嘗聞於外，上猶不信。即遣人各以白金五十兩賞二勘官。且云：「偶與後有怒言，特戲耳。恐爾等驚怖，以此為壓驚。」其惡傷後意如此。
>
> 后甚見寵憚於帝，終身不立妃嬪。副使楊茂元論河決，稱水陰象，咎在中宮。御史胡獻主事李夢陽相繼論鶴齡兄弟，帝雖心知其忠直，然竟皆下之獄以釋後怒。當與后對食，後怒一中官，帝亦助后怒詰責而私語其人曰：非吾意也，勿怖。其惡傷後意如此。

科道言官御史們累次彈劾二張，朱佑樘知道他們言之有理，無奈手批：「朕只有這門親，再不必來說。」

一代帝皇的隱痛和悲涼，躍然紙間：在冷宮中偷偷長大，六歲才被承認為皇子，生母紀妃死得不明不白，此後十餘年裡處處小心提防，時時有性命之憂；一眾兄弟出生後，很快失去了短暫的父愛，立為太子後若不是天象示警還差點被廢；即位後尋找母家親戚，卻只找到源源不斷的騙子，終於心灰意冷；原本感情就淡薄的兄弟們陸續出外就藩，嫡母王太后也只是面上情分。

除了一直保護自己的祖母周太后，在這世上竟真的只有張家這一門親戚了……雖高居帝座九重，然孤家寡人，不外如是。

其後朱佑樘讓御史們都去張家吃和解酒，自持正義一方的御史們，不情不願到了那一看，酒席竟是替皇宮置辦筵席的光祿寺辦的。換言之，是朱佑樘請他們喝酒，求朝臣們給自己這個皇帝臉面。

> 鶴齡、延齡並注籍宮禁，縱家人為奸利，中外諸臣多以為言，帝以后故不問。又科道累劾後家專權，命司禮監拒之，而不得其辭。白帝求旨。帝手批：朕只有這門親，再不必來說。仍密敕後家邀科道為宴謝罪。各官並辭不赴，遂請旨召之。及赴命，乃光祿茶飯也。
>
> ——《明良記》

因為妻子張皇后而愛屋及烏，很大程度上，朱佑樘真心將自己的岳父岳母當做了自己的父母敬重，將兩個不成器內弟當做了自己的手足。

雖然張氏一門是小門小戶，居家不謹，但朱佑樘確實在和這戶人家相處中，感受到了親情慰藉。才會為他們一次又一次逾制，盡可能滿足他們的物質需求。哪怕放下帝皇尊嚴，努力在大臣、甚至在太監面前為他們斡旋。

讀相關史料時，時不時便為朱佑樘心疼，因為張皇后顯然絕不具備通常史書中讚揚的賢后美德，於國家政務本無任何裨益，對天下百姓也不具備身為國母的責任感。張氏一門倚勢凌弱的惡行並未止息，對此她卻一味護短。反而是親兒子武宗朱厚照即位後，收拾教訓了兩個舅舅一通，他們從此才老實低調了許多。

若真是身在那些宮鬥激烈的尋常帝王後宮，如此情商，眼界，家教，鐵定是第一輪便淘汰出局的。朱佑樘一生盛德所累，泰半是因這個不省心的妻子和她娘家所賜。

當時至後世百年，明代朝臣士大夫的相關記述，對這位皇后也頗多微辭，字裡行間，無不透著覺得她配不上心目中第一明君楷模的意思。

然而，如人飲水，冷暖自知，或許朱佑樘偏偏就是喜歡她這種心無城府的真性情呢？

人並不是機器，一天到晚緊繃著，努力做符合儒家禮教標準的明君太累，也只有在這個沒當他是帝王，只當他是自家男人，沒事吵吵嘴、給娘家要些好處的的小妻子面前，才能得真正放鬆。

真給他一個如明德馬后、文德長孫后那樣的千古賢後，他恐怕反而消受不起，只能敬而禮之、相敬如賓了。

張皇后眼界有限，也完全沒有切實履行皇后職責的自覺，朱佑樘卻寧願將約束家人不利的過錯全都攬在自己身上，不忍心指責愛妻半點，努力為妻子擔當和遮風擋雨。僅僅在驕縱外戚一事，自非明君所為，卻是不容質疑的好男人，好丈夫。

弘治十八年，朱佑樘因北方旱災而祈禱求雨時，偶感風寒，庸醫誤進藥餌，竟致不治，時年僅三十六歲。

臨終前，朱佑樘回顧自己一生政績，唯「承祖宗大統，在位十八年，為祖宗守法度，不敢怠玩」這麼短短幾個字。而他最銘刻於心的，便是「選張氏為皇后，成化二十三年二月十日成婚；至弘治四年九月二十四日生東宮，今十五歲矣。」自己生命中最重要的兩個人，來到自己身邊的日子，記得清清楚楚。此外，自己何日出生，何日為太子，何日登基，反而不重要了。而臨終牽掛不已，交代大臣們的，也唯有請他們輔導太子朱厚照做個好人。

一個幼小時便親身體會了皇宮中最冷漠最殘酷的一面的孩童；一個直到六歲才被父親承認、卻又很快失去母親的兒子；自己妻子的到來，兒子的出世，便是此生最大的慰藉。是以，他也將所能回報的一切都贈與了他們母子。

比起史書中一本正經的官方遺詔，一個父親的真實遺言，諄諄叮囑，俱在於此：

> 朕承祖宗大統，在位十八年，今年三十六歲，乃得此疾，殆不能興，故與先生們相見。朕自知之。亦有天命，不可強也。朕為祖宗守法度，不敢怠玩。凡天下事，先生們多費心，我知道。朕蒙皇考厚恩，選張氏為皇后，成化二十三年二月十日成婚。至弘治四年九月二十四日生東宮，今十五歲矣，尚未選婚。社稷事重，可亟令禮部舉行。東宮聰明，但年幼好逸樂，先生們請他出來讀些書，輔導他做個好人。

明武宗朱厚照這個皇帝做得如何，史上眾說紛紜，褒貶不一。雖然性恣意，貪玩樂，卻不暴虐，無酷殺，懂感恩，知禮敬，不負義，「好人」這兩個字，大體還是配得上的。最大的遺憾，便是不曾給他父母留下血脈，同樣英年早逝了。

明孝宗朱佑樘，絕不止是一個仁愛厚道的好人，一個夙夜圖治令天下海晏河清的好皇帝，更是歷朝帝王中近乎無與倫比的好丈夫，好父親；甚至為了討愛妻歡心，而不惜明知故犯，犯下一些明君本不當為的過失。

那些嚮往穿越到古代宮廷為后妃的妹紙們，若有幸碰到這等絕世極品好男人，就千萬別錯過了：嫁人當嫁朱佑樘。

5 古代帝王殺人的奇葩理由有哪些？

文／少恭

在古代，帝王可謂是權威象徵，一般來說，他如果想要你死，就有一百種方法讓你死。不過在這方面，有個皇帝可謂無與倫比了……他殺人的理由簡直是！喪心病狂！只有你想不到的沒有他做不到的！那就是前秦皇帝苻生，怎麼說的，讓我們來看看吧……

一、覺得百姓奸詐的。

自去春以來，潼關之西，至於長安，虎狼為暴。晝則繼道，夜則髮屋，不食六畜，專務食人，凡殺七百餘人。民廢耕桑，相聚邑居，而為害不息。秋，七月，秦群臣奏請禳災，生曰：「野獸饑則食人，飽當自止，何禳之有！且天豈不愛民哉，正以犯罪者多，故助朕殺之耳。」

也就是說，自從春天以來，從潼關到長安，虎豹豺狼非常的囂張，到啥地步呢？白天在路上大搖大擺的走，晚上就跑到家裡面，。而且還特別兇狠，不吃家禽家畜，專門吃人！想想都害怕！死了還幾百人？老百姓活不下去，只有住在一起，抱團取暖。百官請求前秦皇帝苻生消滅災難，哪知苻生說：「野獸吃飽了就不吃了，根本不必管！而且這是老天爺覺得百姓犯罪的多，才幫朕殺掉！」

看看看看，這是什麼鬼？野獸吃飽了就不吃了，難道野獸只吃不消化啊？野獸氾濫吃人是因為百姓犯罪多，什麼邏輯？

二、認為夢具有預言效果，所以防患於未然的。

秦主生夢大魚食蒲，又長安謠曰：「東海大魚化為龍，男皆為王女為公。」生乃誅太師、錄尚書事、廣寧公魚遵，並其七子、十孫。金紫光祿大夫牛夷懼禍，求為荊州；生不許，以為中軍將軍，引見，調之曰：「牛性遲重，善持轅軛；雖無驥足，動負百石。」夷曰：「雖服大車，未經峻壁；願試重載，乃知勳績。」

生笑曰：「何其快也，公嫌所載輕乎？朕將以魚公爵位處公。」夷懼，歸而自殺。

——《資治通鑒．晉紀二十二》

大概就是說，苻生夢見魚吃蒲草（苻生祖先原姓蒲，後改姓苻），長安又有人傳兒歌「東海大魚化為龍，男皆為王女為公。」苻生覺得不吉利，於是幹掉了一個叫魚遵的大官及其全家。（另外一個大官牛夷可能想，今天殺魚，明天可能就殺牛），害怕出事，主動要求外出當官，苻生不允許，反而讓牛夷當中軍將軍，見面對他說：「牛憨厚老實，能幹活，雖然沒有千里馬那樣的腳力，但是能負重」（潛台詞：你不是害怕嗎？我就給你戴戴高帽）。牛夷說：「牛能拉大車，但是沒有經歷過崇山峻嶺，希望能外出擔負眾人，才能體現它的功勳」（潛台詞：我好害怕，讓我走！）苻生笑著說：「你嫌你的擔子輕，我就把老魚的重擔給你！」（潛台詞：哈哈哈，怕嗎？給你的老魚的官職，滋味如何？）牛夷害怕，回家後自殺了。（啊啊啊啊，我好害怕，承受不了了，讓我去死！）

弄死對方之前，還要先戲弄一番，果然是城會玩。不知道魚和牛被殺了，朝中姓姬苟馬朱楊候的人後來命運如何？

三、屬下無意中說了禁忌字眼的。

生飲酒無晝夜，或連月不出。奏事不省，往往寢落，或醉中決事。左右因以為奸，賞罰無准。或至申酉乃出視朝，乘醉多所殺戮。自以眇目，諱言「殘、缺、偏、只、少、無、不具」之類，誤犯而死者，不可勝數。

——《資治通鑒・晉紀二十二》

這個皇帝苻生啊，晝夜飲酒，有事常常連月不出，常常不辦公，或者就在醉酒中辦公。因此身邊充滿了小人，導致賞罰沒有什麼標準。常常下午三點才上朝，趁著喝醉亂殺人。因為自己眼睛瞎了一隻，特別忌諱：「殘、缺、偏、只、少、無、不全」等字眼，因口誤而死的人，多的數不清。好酒的人常常會發酒瘋，生理殘疾常會導致心理陰暗！哼！亂殺人！

四、喜歡看戴人皮面具而跳舞的。

好生剁牛、羊、驢、馬、㷗雞、豚、鵝、鴨，縱之殿前，數十為群。或剝人面皮，使之歌舞，臨觀以為樂。

——《資治通鑒・晉紀二十二》

喜歡剝牛、羊、驢、馬、㷄雞、豚、鵝、鴨的皮，放到宮殿之前，成群結隊！又喜歡剝人面皮，令他跳舞取樂……可怕！實在不懂這個人的樂趣！

五、認為屬下討好或者誹謗自己而殺人

嘗問左右曰：「自吾臨天下，汝外間何所聞？」或對曰：「聖明宰世，賞罰明當，天下唯歌太平。」怒曰：「汝媚我也！」引出斬之。它日又問，或對曰：「陛下刑罰微過。」又怒曰：「汝謗我也！」亦斬之。動舊親戚，誅之殆盡，群臣得保一日，如度十年。

——《資治通鑒・晉紀二十二》

這就是釣魚執法了。這個人啊，他曾經問身邊的人：「我當皇帝，你聽到外面說什麼了嗎？」有人說：「你是聖君，賞罰得當，天下太平！」苻生很生氣：「你諂媚

我！」砍了他的腦袋。改天又問，因為有前車之鑒，有人答：「陛下的刑罰有點狠了。」苻生又很生氣：「你誹謗我！」又殺了他。周圍的親戚部下，幾乎被殺完了。大家度日如十年。果然君要臣死，臣不得不死！

以下還有幾位和苻生不相上下的。

南朝宋皇帝劉子業的理由有曾經因為宮女不服從裸奔命令的而殺人。起因就是之前，皇帝遊玩華林園竹林堂，讓宮女們裸奔，有一個人不從，被殺了。怎麼了怎麼了？你是皇帝就可以為所欲為了嗎！算了，算了，不活了！

南朝宋皇帝劉昱因為反感太后管教而殺太后，儘管未遂。

> 太后數訓戒帝，帝不悅。會端午，太后賜帝毛扇。帝嫌其不華，令太醫煮藥，欲鴆太后。左右止之曰：「若行此事，官便應作孝子，豈複得出入狡獪！」帝曰：「汝語大有理！」乃止。
>
> ——《資治通鑒．宋紀十六》

太后勸劉昱，劉昱不高興，正好到端午，太后賜劉昱羽毛扇，劉昱嫌棄扇子不夠華麗，要太醫煮毒藥毒死太后，周圍的人勸阻他說：「如果這麼做，你就要守孝，這樣就不能玩啦」皇帝說：「你說的有道理」，便放棄了這個念頭。勸阻一個人，與其從道德的角度，不如從利益的角度。對於貪玩的人，什麼事與玩發生衝突，都會放棄！

他還曾經因他人肚子大，覺得當靶子有趣的。

帝嘗直入領軍府。時盛熱，蕭道成晝臥裸袒。帝立道成於室內，畫腹為的，自引滿，將射之。道成斂板曰：「老臣無罪。」左右王天恩曰：「領軍腹大，是佳射堋；一箭便死，後無複射；不如以　箭射之。」帝乃更以　箭射，正中其臍。投弓大笑曰：「此手何如！」帝忌道成威名，嘗自磨鋋，曰：「明日殺蕭道成！」陳太妃罵之曰：「蕭道成有功於國，若害之，誰複為汝盡力邪！」帝乃止。

——《資治通鑒・宋紀十六》

這個皇帝曾經入領軍府，當時天熱，將軍蕭道成白天裸睡，皇帝看見了，以蕭道成的肚子為靶子，正準備射，蕭道成拿著板子擋著身體，說：「老臣無罪！」周圍的人勸阻到：「將軍肚子大，是個好靶子，但是射一次就射死了，以後就不能玩了，不如拿骨制箭頭，這樣可以反復玩」皇帝聽從了，一箭射中了蕭道成肚子，一把把弓扔到了地上，哈哈大笑，說：「射的如何？」皇帝忌憚蕭道成的威名，曾經自己磨短矛，說：「明天就把蕭道成殺了！」陳太妃罵到：「蕭道成有功，如果殺掉了，誰為你賣命？」皇帝才放棄了。

南朝真是個奇怪的朝代，還有一位齊皇帝蕭寶卷因為不想讓別人看到自己出遊就痛下殺手……

帝既誅顯達，益自驕恣，漸出遊走，又不欲人見之；每出，先驅斥所過人家，唯置空宅。尉司擊鼓蹋圍，鼓聲所聞，便應奔走，不暇衣履，犯禁者應手格殺。

——《資治通鑒・齊紀八》

皇帝殺了顯達後，愈來愈驕傲，常常出去玩，後來又不喜歡見人。每次出門，驅逐百姓，只有空房間。令人敲鼓，鼓聲能傳到的地方，人們都會逃走，甚至來不及穿衣服，誰犯了錯就會被殺掉。

六、好奇孕婦肚子裡孩子的性別

嘗至沈公城，有一婦人臨產，不去，因剖腹視其男女。

——《資治通鑑・齊紀八》

果然！喜怒無常是一個人暴虐的典型特徵，簡直喪盡天良！！

接下來看一個血腥的案例——來自唐末「大齊」皇帝黃巢：

巢益怒，營於州北，立宮室百司，為持久之計。時民間無積聚，賊掠人為糧，生投於碓，並骨食之，號給糧之處曰「舂磨寨」。縱兵四掠，自河南、許、汝、唐、鄧、孟、鄭、卞、曹、濮、徐、兗等數十州，鹹被其毒。

——《資治通鑑・唐紀七十一》

黃巢這個人當時非常生氣，在州北紮營，建立宮殿和各個部門，為長久打算。當時民間沒有餘量，黃巢的軍隊抓住人當糧食，把人當大米砸城碎末，連骨帶肉都吃了。號稱提供「糧食」的地方是「舂磨寨」。放縱士兵到處搶掠。自河南、許、汝、唐、鄧、孟、鄭、卞、曹、濮、徐、袞等數十州，都遭了殃。這不是惡魔是什麼？難道最終會失敗！

少年們，看了上述這麼多，你還想穿越嗎？生活且不易，且行且珍惜啊！

⑥ 淒淒慘慘戚戚，那些被流放的眞實日子

文／自渡人

說到了流放，就拿清朝最有名的流放地寧古塔來說說吧。

在許多清宮劇、穿越劇中，常會聽到清代皇帝雷霆大怒時的幾句經典台詞：「將某某發往寧古塔，永世不得入關！」「發配寧古塔，與披甲人為奴」。

噫，有沒有腦袋裡瞬間腦補出仙劍裡面的鎖妖塔的樣子！

然而少年啊，你們還是太天真了。寧古塔其實並不是一座塔，而是滿族的龍興之地。披甲人則是指滿洲鎮守邊疆的八旗軍。

流放貶謫自古以來就存在了，宋代的蘇軾大佬當年就是一路便貶謫到了我們現在的海南島，當時的海南島可不是一個旅遊勝地……完全是一個山窮水惡的旮旯窩，還好我們蘇軾大大心寬體胖……堅強地挺了過去！

而流放貶謫在古代可不僅僅是單純的放逐，基本都沒有好地兒給你去！都是哪哪

艱難往哪兒塞，更不用說路上那些個艱難。拋開這些不談，古時候的那些個文人官員們哪個不是懷有一腔熱血了，本來不被採用就心裡苦了，你還要流放我！？當場就給你哭出來了好嗎……

因而流放貶謫無論是在物質還是精神層面，都給流放貶謫的人帶來巨大的打擊。在去往流放貶謫地的漫漫長路中，山高水遠，死於途中或死於當地的也不在少數。明初大儒宋濂便死於貶謫四川茂州的途中。

在歷朝歷代，清朝是被流放貶謫者人數最多的朝代。在清朝眾多遣戍地中，寧古塔無論是流放人數還是持續時間都十分引人矚目。

當時被流放到寧古塔地區的流人，相當大的一部分是因文字獄或涉及科場案，和各地反清鬥爭等引發的各種大案而被發遣此地。清代獨創了發遣制度，作為流刑的一種，發遣者不但要被流放到偏遠地區，而且會淪落為奴隸，也就是與披甲人為奴。

寧古塔是一個城名，為關外最著名的流放地。

寧古塔在今天的黑龍江省東部的海林和寧安。清初，寧古塔尚屬邊遠地區，這裡尚未開化，氣候嚴寒，寸草不生，五穀不長，人煙稀少，號稱荒徼，很適合罪犯改造。

寧古塔雖以塔命名，實際並無塔。相傳，清皇族的遠祖六兄弟曾居住於此。滿語

「六」為「寧古」，「個」為「塔」，故稱「寧古塔」。寧古塔也是寧古塔將軍的轄區，為吉林將軍的前身。清朝期間，發遣到寧古塔的名臣良吏、才子佳人不計其數，流放到寧古塔的流人從順治年開始到乾隆朝，大規模的流放有數十次之多。

把罪犯流放到寧古塔，有雙重目的：一是採取「出禮入刑」的原則，把流放作為降死一等的刑罰，懲治罪人。流放已經注定了他們的背井離鄉與生死離別，到達並不是苦難的結束，而是更大苦難的開始。讓他們背井離鄉受盡磨難，到關外去自悵自悔，接受嚴寒風沙的懲罰；二是為清朝龍興之地「添磚加瓦」，「守衛邊疆」。

不過清王朝為什麼不把罪犯流放到西南，西北改造，而首選寧古塔呢？因為當時其他地域還沒有完全安定下來。所以清初入關的順治一朝，主要的流放地就是到東北。寧古塔是滿族的發源地，是清皇族的龍興之地。流人到流放地後必須服一定的勞役，根據所犯罪行的不同。

勞役大致分成兩種：為奴和當差。

為奴實際上是清代入關前奴僕制度的延續，被流放為奴的人多是犯了嚴重的罪行，他們到達流放地後都被朝廷賞賜給了當地的官員和駐防的兵丁。為了使這些為奴人犯「備嘗艱苦長受折磨，清朝的法律規定奴主有權處死為奴的犯人；「務令家主嚴行管束，斷不許勒索贖身及任聽在外居住」。

當差是對流人懲罰的另一種形式。身分不同所當的差也不一樣。有官員背景的犯人到達戍地後，由於其特殊的身分，大多會受有官員背景的犯人到達戍地後，由於其特殊的身分，大多會受到一些照顧。清初，發往黑龍江、吉林當差的官犯大多在驛站、官府、官莊等地從事一些雜役，而平民則從事一些艱苦的差使。到康熙初年，隨著黑龍江邊境抗俄局勢的日益嚴峻，逐漸將流人遣戍至抗俄前線的寧古塔部分都投入到軍事差役之投入到軍事差役之中。

作為皇族起源地，也不是什麼人都可以去寧古塔的，這裡有個「標準」的問題。順治時期就對喜歡提出異見的人有明確規定：「挾仇誣告者流放寧古塔。」

乾隆初年公布的《大清律例》規定：「強盜免死減者，行劫數家止首一家者，夥盜供出首盜即時拿獲者，偷盜墳墓二次者……具僉發寧古塔等處。」

按照這個標準，流放寧古塔的這些人其實都是些命懸一線「走鋼絲的人」，回不回得來就看你在那裡怎麼做了，活脫脫清朝版絕地逃生！然而條件還極其艱苦。說不定一個不小心，你就永遠出不去了……這絕非危言聳聽，因為發往寧古塔的罪犯，一般以十年為期，然後考察他的表現，若能悔過自新，又願回原籍者，准予回籍。但如果被判處無期徒刑，將永遠不得入關，除非皇上特批。更何況據《研堂見聞雜記》寫道，當時的寧古塔，幾乎不是人間的世界，流放者去了，往往半道上被虎狼惡獸吃掉，甚至被餓昏了的當地人分而食之，能活下來的不多……

關於可怕的押解之路，清代刑律規定，「限日行五十里，若三千里限二月；二千五百里限五十日；」若在途中無故稽留，將受到懲罰。流人每天必需的口糧，由當地供給，標準定為每人每天八兩，一五歲以下減半。而這些口糧，對於顛沛流離，跋山涉水的流人來說是遠不夠的。即使這樣少的食物，往往也不能夠足額發放。更何況，電視劇裡那些流氓一樣的兵丁其實是真的存在的，一路上肆意虐待，打罵，甚至勒索更是層出不窮，又沒有什麼江湖大俠能來解救。你想想，那些個文人官員們哪裡受得了這番折磨。因而不少犯人在途中就被不堪折磨，受辱而死。然而挨過漫漫押解路，到達寧古塔絕非痛苦的結束，而是更大痛苦的開始

由此，寧古塔惡魔般的面孔展露無疑，只要到了這個地方，你就得老老實實的待上至少十年。在安土重遷的鄉土中國，客死異鄉是十分忌諱的。被流放寧古塔的流人，職責是「與披甲人為奴」，給戍守邊境的八旗子弟當牛做馬，世世代代皆為奴。

對士人來說寒冷也是一巨大考驗。寧古塔常年冰封。《研堂見聞雜錄》稱「寧古

塔，在遼東極北，去京七、八千里。其地重冰積雪，非復世界，中國人亦無至其地者。」

吳兆騫在給其母的信中說：「寧古寒苦天下所無，自春初到四月中旬，大風如雷鳴電激咫尺皆迷，五月至七月陰雨接連，八月中旬即下大雪，九月初河水盡凍。雪才到地即成堅冰，一望千里皆茫茫白雪。」

方拱乾曾說：「人說黃泉路，若到了寧古塔，便有十個黃泉也不怕了！」

那究竟是什麼原因造成了流人的遣戍呢？

首當其衝的當然是反清鬥爭的失敗者，從各大電視劇我們就可以看出，清朝的反清復明運動一直都很蓬勃，白蓮教等赫赫有名，而一旦這些農民起義失敗，「賊首」被砍，從眾者及其家屬會被遣戍。這些鬥爭在被清政府鎮壓後，反清領袖們及其親屬，或被殺害，或被流放。如因「通海案」受到牽連的楊越、祁班孫；順治十四年（一六五七）被遣戍寧古塔的南明隆武朝平國公鄭芝龍，由於鄭成功堅持抗清而獲罪。

還有些因為文字獄受到牽連，如康熙年間轟動朝野的戴明世《南山集》案、方孝標《滇黔紀聞》案等，往往株連九族，甚至鄰居也跟著遭殃。《南山集》案事發之時，方孝標已死，但仍被掘墓，挫骨揚灰……看看，多殘忍！還有的因科場案而受牽連，有的人確實有因通關節、營私舞弊，但也有因被誣陷而無辜流放的。如著名詩人吳兆騫、方拱乾等人就是典型。在清朝眾多的科場案中，順治丁酉科場案（南闈科場案）、北闈科場案最為使人震驚。僅丁酉科場案所牽連人數就有百人之多。

還有的因參與清朝統治集團內部的派系鬥爭，像平定三藩、康熙後期儲位之爭、雍正年間年羹堯、隆科多案等，在這些鬥爭中失勢而成為政治的犧牲品遭到遣戍。還有大批人因貪污受賄，瀆職，作戰不力、貽誤戰機，投敵等行為被流放如順治十二年（一六五五）因上疏稱頌多爾袞之功，請求為其昭雪而被流放至寧古塔的吏科副給事官彭長庚、一等子爵許爾安；因南北黨之爭而受牽連的張縉彥；「三藩之亂」中被構陷的文人學者陳夢雷等。這些流人，大多都是派系鬥爭的犧牲品。

從順治年間開始，寧古塔成了清廷流放人員的接收地，他們當中有抗清名將鄭成功之父鄭芝龍、文人金聖歎家屬、詩人吳兆騫等等。

順治十四年（一六五七）秋，方拱乾五子方章鉞參加江南闈科舉考試中得舉人。然十一月，有人奏參江南主考官方猷弊竇多端，以聯宗的緣故，取中少詹事方拱乾之子方章鉞為舉人。「聯宗有素，乃乘機滋弊，冒濫賢書，請皇上立賜提究嚴訊」。當時正值順天鄉試舞弊被揭發不久，順治皇帝雷霆大怒，遂令刑部對方章鉞嚴行詳審。順治帝親自命題複試這些江南舉人，且每名舉子左右都有清兵持刀監考，戒備森嚴，如同刑場。吳兆騫也參加了此次江南鄉試，順利中舉，卻被此案牽連，複試前，吳兆騫異常悲憤地說：「焉有吳兆騫而以一舉人行賄的？」複試時，他不肯蒙受此辱而交了白卷。複試的結果是此十四人皆被革去舉人，入獄。

順治十六年三月初三，因「南闈科場案」遭到流放的方拱乾、吳兆騫等八名舉子及家屬數百人自京師啟程，開始了寧古塔流放之路，而此時的方拱乾已是六十四歲的老人。《研堂見聞雜記》中說：寧古塔「在遼東極北，其地重冰積雪，地距京師三千里；長行數日，不見一人；無廬舍，掘地為屋；地遠嚴寒，至其地者九死一生」。寧古塔實在是個荒涼之地，中原、江南文人（或舉家甚至舉族）流放之淒慘，老者逝於中途、妻兒委身為奴、仕者淪為苦力的場景、哀嚎乃至絕望。康熙時詩人丁介有一首《出塞詩》，摹寫流放東北之「盛況」：「南國佳人多塞北，中原名士半遼陽。」當時慘況可見一斑。

清代文學家顧貞觀為求納蘭性德搭救好友吳兆騫創作了組詞作品，埋藏著巨大的苦惱、恐懼和憂愁：

季子平安否？便歸來，平生萬事，那堪回首！行路悠悠誰慰藉，母老家貧子幼。

記不起，從前杯酒。魑魅搏人應見慣，總輸他，覆雨翻雲手，冰與雪，周旋久。
淚痕莫滴牛衣透，數天涯，依然骨肉，幾家能夠？比似紅顏多命薄，更不如今還有。只絕塞，苦寒難受。廿載包胥承一諾，盼烏頭馬角終相救。置此劄，君懷袖。

但是不管怎麼樣，還是要笑著活下去！來自中原以及江南的流人們來到這裡後，在改變了這裡「舊跡殘碑少，荒城蔓草多」的狀況。流放至此的文人多來自人文淵藪之地，繁榮富貴之鄉，雖然過得艱苦，但他們還是憑藉著自己給寧古塔這片文化荒漠帶來了不一樣的體驗！

吳兆騫「惟館穀為業，負笈者數人，諸同患難子弟，為陳昭令，葉長民、孫毓宗、毓章，許丙午，沐中貞，田景園，及呂氏昆季」。後寧古塔將軍巴海非常欣賞吳兆騫的才情，聘其教授「其二子讀書，並禮之甚厚」。楊越「於其鄉人教以誦書」，把自己從浙江帶來的《四書》、《五經》、《史記》、《漢書》、《昭明文選》等書拿來傳閱。在這片白山黑水的土地上響起了琅琅讀書聲。

張縉彥在寧古塔組織了著名的「七子之會」詩社。是不是瞬間有一種蘭亭集會的感覺？

極富才情的七子分別為「秣陵姚琢之、苕中錢虞仲、方叔、丹季兄弟、吾邑錢德維及吳兆騫」，他們「分題角韻，月凡三集，窮愁中亦饒有佳況」。詩社成立於康熙四年夏，由張縉彥召集發起。七子之會的活動，據記載是每月集會三次，然後分派題目，限定詩韻，吟詩作賦多「宴遊雅集」。〈席上賦得吳郡〉、〈早秋陪諸公遊密將山〉等許多詩作，都是在活動中產生的。這群文化流人創作了大量文學、史地著作，如《絕域紀略》、《何陋居集》、《甦庵集》、《秋笳集》、《寧古塔山水記》、《寧古塔紀略》，所記的多與流人有關，也是論述塞外的山水、風俗和物產之作。

流人張縉彥在《寧古塔山水記》中的一段描述：「耨於原，稼可登，獵於山，鮮可食，釣於淵，鱗可舉。」流人們將內地的先進的農業生產技術帶到了這裡，土地得到大規模的開發，耕地面積也迅速增長糧食產量也隨之增長，糧食品種也由原來的四、五種增加至十餘種。明末最後一位兵部尚書張縉彥流放寧古塔後，將中原蔬菜、花卉種子及農耕方法帶到這裡，有詩云：「域外群尊五穀神，春秋祭享寄來真。魂游甯古霜天月，習稼還思教稼人。」

寧古塔地處塞外，乃荒涼淒苦之北大荒，幾乎沒有商業活動，流人楊越建議寧古塔將軍建立皮毛人參互市貿易場所。到康熙末年已初具規模，城內居民不過「四千三百家」，其中「賈者三十六，其在東關者三十有二。土著者十，市布帛雜貨，流寓者二十二，市飲食在西者四。」吳兆騫的兒子吳晨臣二十多年後在《寧古塔紀略》描述到，「貨物客商絡繹不絕，居然有華夏風景」。

流人們留下的這枚塞外文化種子，千春猶待發華茲。

最後送上顧貞觀《金縷曲》第二首，供諸君細細品味。

我亦飄零久！十年來，深恩負盡，死生師友。宿昔齊名非忝竊，只看杜陵消瘦，曾不減，夜郎僝僽，薄命長辭知己別，問人生到此淒涼否？千萬恨，為君剖。兄生辛未吾丁醜，共此時，冰霜摧折，早衰蒲柳。詩賦從今須少作，留取心魄相守。但願得，河清人壽！歸日急翻行戍稿，把空名料理傳身後。言不盡，觀頓首。

⑦ 血淋淋的宮廷生涯，送給那些想要穿越的孩子們

文／凡爾禮

我可以首先下一個結論：真實的宮鬥絕對比影視劇要血淋淋得多。想聽詳細內容，請看下文。

首先，我對宮鬥的類型作一下分類：

第一類宮鬥：只相鬥不殺人。

北魏孝文帝時期，太師馮熙的兩個女兒馮潤馮清先後入宮。先入宮的馮潤因為得了咯血症被遣回家養病，因此後入宮的妹妹馮清反而先封為皇后。但馮潤也不是省油的燈，待病好之後，她再次入宮，立刻獲得孝文帝元宏的專寵，對皇后妹妹不行妾禮，百端譖構，終於成功讓元宏把馮清貶去瑤光寺出家為尼，自己取代了馮清的皇后位置，

晉武帝的第一任皇后楊豔一直嫉妒受寵的貴嬪胡芳，於是在臨死前都要把自己的小堂妹楊芷推上新皇后位（楊芷比太子妃賈南風還小），以阻止胡芳成為新皇后。晉武帝看著髮妻臨終前有這樣的遺願，只得流淚同意。

明英宗復位後，殘疾無子的錢皇后和有太子的周貴妃矛盾馬上變尖銳起來，就連明英宗之母孫太后都贊同廢錢立周。明英宗念及與髮妻的深情，堅決拒絕。為了表明立場，孫太后一死，明英宗夫妻就宣布將嫡母胡皇后復位。英宗夫妻倆為前朝廢后翻案，就是在敲打周貴妃和那些想投機的大臣們，以無子為名廢掉錢皇后是不可能的。

一天，崇禎帝召田貴妃。慣例是貴妃乘鳳輿，由小太監抬著。這一天，田貴妃卻由宮女抬著，崇禎帝見了，覺得很奇怪，問為什麼，回答說：「小太監們多行為不端。」崇禎帝讓她舉例說明。田貴妃說：「聽說坤寧宮裡的小太監常和宮女們不端，所以遠離他們（聞坤寧宮小璫狎宮婢，故遠之耳）。」崇禎帝聽後，覺得田貴妃懂得禮儀，並命搜查坤寧宮小太監的住所，獲得太監與宮女之間的狎具。崇禎帝大怒，宣布要譴散所有的坤寧宮太監，周皇后氣得嘔血。

宋仁宗的張貴妃眼見曹皇后的養女范觀音得到寵幸，很是不悅，害怕這會增強皇后一方的力量。這年正好大旱，仁宗與宮中眾人都急迫地祈求降雨，張貴妃通過自己的養母宮人賈氏，聯繫上了依附她們的宰相賈昌朝，讓賈昌朝上奏請出宮人以弭災變。在宮中，張貴妃就建議必須出與妃嬪親密的宮女（即養女）才能感動上天以下雨（非出所親厚者，莫能感天意），她還首先表態放出自己的養女，眾妃嬪紛紛效仿，曹皇后也不得不把范觀音放出宮。

漢武帝有一段時期同時寵愛邢娙娥和尹夫人，一開始就為了避免兩人爭風吃醋從不讓兩人見面。尹夫人還是忍不住一再要求見一見邢夫人，漢武帝設局讓另一個夫人假扮邢夫人，還帶上幾十宮女擺場面。但是尹夫人還是從假邢夫人的形象氣質上看出她是假冒的，待她看到真正的邢夫人時，自愧不如，哭泣起來（低頭俛而泣）。

曹操的原配為丁夫人，曹植曹丕的生母卞氏只是倡家出身的小妾，丁夫人為嫡妻，雖無親子但從小收養了已故劉夫人的曹昂，位置穩固，待卞氏就不怎麼客氣。史料原文為「丁視後母子不足。後為繼室，不念舊惡」，「不足」和「舊惡」僅僅四個字就能讓人聯想到當年曹府裡嫡庶間的刻薄。

明光宗朱常洛為太子的時候姬妾眾多，太子妃郭氏早逝，最受寵的女人為李選侍（西李）。明熹宗朱由校即位後爆出了一個猛料：當年生母王才人（太子宮二號妃嬪，郭氏去世後實際排名第一）是遭到西李的欺凌毆打至死的。不過幾年後明熹宗受魏忠賢的影響，又自行翻供稱那是被大臣王安等人調唆說的。受寵的小妾敢打死位份比她高的妾室確實不靠譜，但結合西李選侍囂張跋扈的性格與品德而言，她絕對欺負過王才人。

朱瞻基為皇太孫起就有一妻一妾，賢德的胡善祥和有美色的孫氏。繼位為明宣宗後，胡氏為皇后，孫氏為貴妃。朱瞻基更喜歡孫氏一些，於是一再試圖廢掉胡善祥，把皇后位騰給孫氏。這個過程裡，朝中大臣紛紛各自站隊。孫貴妃此時生下太子朱祁鎮，《明史》裡有孫氏偷龍轉鳳的記載（陰取宮人子為己子），但存在疑問。朱瞻基便命令胡皇后上表辭去皇后之位，被廢為道姑，居長安宮（後改名景仁宮），孫貴妃繼任皇后。張太后還是喜歡前兒媳一些，常召她去自己宮殿。內廷朝宴時，還命胡氏位居孫氏之上，給孫氏打臉，孫氏怏怏不樂。

唐朝楊貴妃曾嫉妒過後宮某位妃嬪（梅妃歷史上並不存在），仗著唐玄宗對她的盛寵，直接沖著老皇帝出言不遜，唐玄宗也被氣到了，直接把楊玉環從宮裡送出去，送到她堂哥楊銛家（妃以妒悍不遜，上怒，命送歸兄銛之第）。不過失去愛妃的唐玄宗倒是一整天都心情不佳，高力士就出面調解，皇帝還是在晚上把楊貴妃接回宮來，經過一場小鬧騰，老夫少妻的感情反而更好了，那位被楊貴妃針對的妃嬪，以及其他後宮，從此更難得被唐玄宗寵幸（自是恩遇愈隆，後宮莫得進矣）。

司馬懿晚年寵愛小妾柏夫人，疏遠正妻張春華，張春華很少見到司馬懿。一日，司馬懿患病，張春華前去探望，司馬懿竟對她說：「老東西面目可憎，怎麼還勞駕你出來啊！」張春華氣憤地絕食，她所生的司馬師、司馬昭、司馬榦也跟著她一起絕食。司馬懿大驚，連忙向她道歉。事後司馬懿暗地裡對別人說：「老東西死了沒什麼好可惜的，我擔心的是我那群好兒子啊！」

柏夫人只有一個兒子司馬倫，就是後來八王之亂裡的趙王，其才能平庸品德低下，在權力鬥爭中司馬倫和四個兒子全被賜死，司馬懿和柏夫人的血脈徹底斷絕。在比兒子之上，柏夫人是輸得徹底。

後唐莊宗李存勖有一個寵愛的姬妾，貌美又生有兒子，這讓皇后劉玉娘很妒忌。大臣李紹榮受到李存勖的器重，妻子卻因病去世。李存勖便在宮中詢問李紹榮是不是需要再續娶一位元妻子，他可以作主幫著求婚。

劉玉娘趕緊插話，指著那位寵姬建議到：「皇上很可憐紹榮，為什麼不把小妾賞賜給他呢？」李存勖突然之間不好拒絕，只有含含糊糊的答應了（帝難言不可，微許之），劉玉娘趕快讓李紹榮拜謝皇帝。第二天一早，李存勖還想去看寵姬，卻發現劉玉娘早已經用轎子把寵姬送出了皇宮。李存勖心情不悅，因為這件事情託病，好幾天都沒吃飯。

元順帝的第一任皇后是答納失里皇后，是太師燕帖木兒的女兒。此時元順帝寵愛上了一位高麗來的奉茶宮女奇氏，答納失里皇后非常生氣，幾次下令杖打奇氏（數棰辱之）。但在第二年，答納失里皇后就因為親兄謀反受到牽連被廢掉，又被賜死，年僅一六歲。

元順帝很想立奇氏為新皇后，但遭到大臣們的反對。於是他只有立出身外戚家族的伯顏忽都為第二任皇后，伯顏忽都為人節儉也不妒忌，得到了元順帝的敬重，她生出了嫡子真金，可惜夭折。奇氏則生出了兒子愛猷識理答臘，被封為第二皇后。

與電視劇不同，史書裡沒記載奇氏與伯顏忽都的宮鬥，兩人應該是能表面和平相處。二十八年後，伯顏忽都過世，繼子愛猷識理答臘與這位嫡母感情不錯，哭得特別悲傷。奇皇后則態度頗為不敬，看到伯顏忽都留下來的破舊衣物，竟然嘲笑起來：「正宮皇后竟然穿這樣的衣服！」

漢哀帝的原配皇后是傅皇后，其祖母傅太后的堂侄女。漢哀帝又將自己男寵董賢的妹妹納入宮中，成為董昭儀。董賢也有野心，想找證據來廢掉傅皇后（使求傅氏罪過），讓自己的妹妹當上新皇后，但傅皇后的親屬都被他抓進牢獄了都審不出口供，只得作罷（遂逮後弟侍中喜，詔獄無所得）。

其實是郎官桓譚與傅皇后的父親傅晏關係不錯，就好心提醒過傅晏，董賢可能會找他們傅家的麻煩，讓他們謹言慎行。傅晏也向女兒轉述了桓譚的話，讓傅皇后千萬別學漢武帝的陳皇后那樣輕信媚道。傅家才避免一場風暴。

第二類宮鬥：直接血淋淋的屠殺

這種情況往往是皇帝已經死了，或是皇帝太懦弱受制於后妃，或是后妃太得寵，皇帝睜一隻眼閉一隻眼。

漢安帝的閻皇后長得漂亮，又精通音律有才色，得到皇帝的專房之寵。不過皇帝還是要寵幸其他妃嬪的，宮女李氏因此生下皇子劉保，閻氏祕密將李氏鴆殺。事後，她一直無子，就使計廢掉劉保的太子位，不過在安帝去世之後，經過激烈的鬥爭，劉保還是登上帝位，誅滅閻氏家族，閻后被軟禁後次年去世。

馮潤還只是昭儀的時候就已經手握大權，孝文帝還有一寵妃貴人高照容，不到三十歲就生了兩兒一女，但高照容卻在從代地到洛陽的途中突然暴死。有傳聞，是馮潤派出去的殺手殺了高照容，以奪取高照容之子元恪的撫養權的（或云昭儀遣人賊後也）。但在元恪即位前，馮潤已被孝文帝賜死，這一起謀殺案的真相就無人所知。

漢桓帝的皇后竇妙多年無寵，早就對貴人田聖等寵妃恨之入骨（太后素忌忍，積怒田聖等），等漢桓帝一死梓宮還在前殿沒運走，她就迫不及待地便殺死田聖。還想把另外八個貴人全部殺死，還好中常侍苦勸，那八個美女才得以保命。

袁紹的正妻劉夫人更加殘忍，不但殺掉袁紹生前的五個寵妾，還對她們的屍體進行了破壞（乃髡頭墨面以毀其形），兒子袁尚還幫她去殺寵妾的家人。

漢靈帝的何皇后只是一個屠戶家的女兒，卻厲害霸道，後宮眾妃都怕她。官家小姐出身的王美人反而不是她的對手，生下兒子劉協（漢獻帝）後被何皇后毒死。由於何氏與宦官們關係好，靈帝欲廢何后卻中止，不過幾年後董卓還是替劉協報了仇，毒殺何后母子。

武則天除了與王皇后蕭淑妃宮鬥，毒殺了賀蘭氏之外，還能從史書裡推斷出武氏對待其他後宮的態度。《舊唐書》裡有記載唐高宗「後宮劉氏生燕王忠，鄭氏生原王孝，楊氏生澤王上金」，編劇和小說作者們總是以此把三人設定為宮女出身沒有封號的低賤女子。但事實上參看為妃嬪資料最齊全的李淵後宮，兒子生母裡位號最低的為張寶林、柳寶林（六品）。再從情理考慮，被皇帝寵幸過的女人，還生了兒子。哪怕真是宮女出身，皇帝打賞個最低最低級的八品采女封號（共有二十七個編制）也不是難事。所以劉氏鄭氏楊氏絕對是有封號的。

除了劉氏被記載出身低賤（忠母劉氏微賤）以外，鄭氏和楊氏都沒有這種紀錄。當年正是因為四妃份額滿了，唐高宗才想給武昭儀一個獨創的宸妃封號（唐因隋制，後宮有貴妃、淑妃、德妃、賢妃皆視一品。上欲特置宸妃，以武昭儀為之）。楊氏還敢得罪武則天（《新唐書》記載李上金「武后疾其母」），可以推斷鄭氏和楊氏極有可能就是蕭淑妃以外的三妃之二。從姓氏上推斷鄭氏和楊氏極有可能出自望族滎陽鄭氏和弘農楊氏。

武則天處死庶子們是相當不留情，除了李孝因為無子早逝外，李忠沒有留下後代就被逼自殺。李上金被逼自殺後，七個兒子在流放途上死了六個。蕭淑妃生的李素節被縊死，十三個兒子裡被殺了九個。兒子孫子尚且這樣淒慘，這三位母親，特別是被武后所恨的楊氏，極有可能是被武則天迫害而死的，倒底是死於流放過程中，還是特別賜死，歷史不忍細讀。劉氏鄭氏楊氏沒有記載封號，也有可能是被武則天廢為庶人的原因。

李隆基有一個二哥李成義，剛一出生就被祖母武則天就厭惡，準備扼殺掉這個小生命。和尚萬回用迷信的說法勸住了武則天：「這個嬰孩是西域大樹投胎，養育他能夠旺其他孫子（此兒是西域大樹之精，養之宜兄弟）。」武則天聽著高興，才把李成義和其他李旦的兒子放在一起養。雖然李成義的生母柳氏是掖庭宮人，但武則天要處死親孫子的行為還是很令人不解。

直到前宰相柳奭的孫子柳嘉泰的墓誌《右武衛將軍柳公神道碑》被發現，上面有「先帝在藩，以公女兄為妃，則申王之舅，以外戚解褐」的字樣，才知道柳宮人是柳奭的孫女，王皇后的表侄女，終於知道武則天為何如此厭惡李成義的出生了。柳宮人的封號沒有記載，晚年也沒有記載。結合武則天處置政敵及家屬的狠毒，再加上史書記載武則天殺掉的兒媳就有三個：李顯原王妃趙氏、李旦妻妾劉氏竇氏，可以推斷，她可能剛生完孩子就被武則天處死了。

嘉靖帝時期宮鬥較特殊，因為嘉靖本人就是一個性情暴戾，待后妃和大臣都很刻薄的昏君，后妃多死於嘉靖本人之手。第一任皇后陳氏有一次和嘉靖帝閑聚，張順妃、文恭妃為帝后倒茶，嘉靖帝盯著妃子們的手看。陳皇后心生嫉妒，就很不高興地丟杯子站起來。嘉靖帝馬上大怒，使陳皇后受驚流產（朝鮮的《李朝實錄》記載陳皇后當時被罰跪），陳皇后流產後重病了數月，在痛苦中死去。

嘉靖帝的母親蔣太后促使嘉靖帝封張順妃為繼後，但張皇后的皇后生涯只持續了五年但又被嘉靖帝廢掉。有一種說法是張皇后替嘉靖帝的皇伯母張太后說情，觸怒了嘉靖帝。被廢掉的張氏兩年後去世。事情另一主角文恭妃不知什麼時候突然因罪被責罰幽禁（上以妃因罪退閑）幾年後憂死。謚為悼隱，實際只以嬪禮下葬（諸喪儀皆從殺禮）。

嘉靖帝之後又將「甚稱帝意」的方德嬪封為第三任皇后，但方皇后由於在壬寅宮變後冤殺嘉靖帝寵愛的曹端妃，被嘉靖帝記恨。五年後，宮中起火，嘉靖帝不准人去救方皇后，方皇后被燒死於火中（中官請救後，帝不應，後遂崩）。方皇后一死，嘉靖帝才想起方皇后曾在壬寅宮變中救過自己一命，很後悔，下令以元後的禮儀去厚葬方皇后（皇后比救朕危，奉天濟難，其以元後禮葬）。不過方皇后似乎與杜康妃關係也不好，杜康妃之子朱載垕繼位成隆慶帝后直接違背父皇旨意，只讓第一任嫡母陳皇后祔太廟。

之前提到的文恭妃為什麼被罰，史書裡沒有記載。黑龍江大學劉玉、姚敏寫的論文《明世宗后妃掃描》，統計了嘉靖帝的七十六位后妃中，有五十一位死在嘉靖帝之前（嘉靖帝活了六十歲），這很不正常。看來，暴君嘉靖帝的後宮裡還有許多宮闈祕事，不為後人所知。

宋高宗趙構很長壽，活到了八十一歲，在他生命的最後幾年裡，他寵幸著兩位年輕貌美的妃嬪：王才人和李才人。趙構的繼後吳皇后只比他小八歲，也是老太太一位了，吳皇后偏偏也就記恨上了這兩個孫女輩的才人（憲聖後見二才人，每慼憤）。等到趙構過世，吳太后就指使自己的養子宋孝宗，賜兩才人自盡（孝宗即追告命，許自便）。

北魏宣武帝元恪得到大將軍于烈的幫助，剷除了叔父元勰的勢力。于烈便向元恪推薦了自己美麗的侄女於氏（有容德），元恪最初很寵愛於氏，將她由貴人升為皇后。但後來元恪又把自己的表妹高英接入宮中，封為夫人，於皇后因此失寵。

於皇后幾年後突然暴死，宮中都傳聞是高英下的毒手（宮禁事祕，莫能知悉，而世議歸咎於高夫人）。高英成為元恪的新皇后，對後宮嚴加打壓，妃嬪多無法得到元恪的寵幸。可是，由於北魏有著「殺母立子」的規定，所以高英自己也不敢生兒子，有傳聞她早夭的兒子就是自己掐死的。

這樣就給元恪宮中的胡充華創造了機會，胡充華不懼「殺母立子」的規定，生下了兒子元詡。元恪心有不忍，不願殺掉胡充華。在他逝世以後，胡充華和高皇后都成了太后。胡太后政治手段更厲害，馬上將高太后趕去瑤光寺做尼姑，不准她隨意進宮。三年之後，發生了一次月食，有傳這是國母將崩的信號。胡太后就派人祕密處死了高太后，為自己擋災。

遼聖宗耶律隆緒的皇后是他的表妹蕭菩薩哥，蕭菩薩哥又漂亮又有才華，但可惜生的兩個兒子都夭折了，於是她只有收養了宮人蕭耨斤生的耶律宗真。這位宮人蕭耨斤並不是普通宮人，她也出身外戚家族，是遼太祖皇后述律平的弟弟阿古只的五世孫女。因為述律平是遼聖宗耶律隆緒的五世祖母，論關係蕭耨斤也算耶律隆緒關係極疏遠的隔代表妹。蕭耨斤因為生育有功，被封為元妃。

雖然遼聖宗的後宮妃嬪眾多，但只有這位元妃蕭耨斤仗著自己是太子耶律宗真的生母，野心勃勃，敢與皇后蕭菩薩哥宮鬥。蕭耨斤先是派出漢族宦官趙安仁去監視皇后蕭菩薩哥，窺視她的一舉一動，圖謀不軌。蕭菩薩哥威勢和權力加重之後，趙安仁怕被報復就想逃出遼國，蕭菩薩哥想殺掉這個狗腿子，但蕭耨斤在遼聖宗面前力阻，藉口趙安仁出逃是思念家鄉，保全了趙安仁。

耶律宗真十五歲這年，遼聖宗病重，蕭耨斤氣焰囂張地指著皇后蕭菩薩哥說：「老東西你以後還有人寵你麼（老物寵亦有既耶）？」蕭菩薩哥無可奈何，被左右扶出。待遼聖宗駕崩之後，耶律宗真繼位。蕭耨斤自立為皇太后，本是正宮皇后的蕭菩薩哥卻得不到太后的身分。

皇太后蕭耨斤讓自己的護衛馮家奴、喜孫等人誣告北府宰相蕭浞卜、國舅蕭匹敵謀反，把他們審訊治罪。蕭耨斤故意擴大打擊面，株連到蕭菩薩哥身上。遼興宗耶律宗真因為是嫡母親手撫育養大的，他有出面阻止生母，但蕭耨斤就是不放過蕭菩薩哥，耶律宗真也有心無力。

蕭耨斤先是把蕭菩薩哥趕去了上京（內蒙古境內），後趁著耶律宗真春季游獵時，派人去上京逼著蕭菩薩哥自殺。二十年後，耶律宗真將嫡母蕭菩薩哥追尊為仁德皇后，祔葬於自己的慶陵。

秦惠文王有兩個兒子先後當上國王，秦武王的生母是惠文后，秦昭襄王的生母是芈八子。史學界的研究是，惠文后是魏國人的可能性較大。

芈八子是出身於楚國沒錯，但她有一個同父異母的弟弟魏冉，楚王的妃嬪怎麼可能二嫁？而且春秋戰國時期真正的公主都會有史書記載身分，比如秦惠文王的女兒燕易后，《史記》有明確記載「秦惠王以其女為燕太子婦」。

綜上，芈八子不可能是楚國公主，也不可能與惠文后是姊妹。

因此與電視劇不同。芈八子聯同魏冉讓兒子坐上秦國王位後，沒有善待惠文后這位舊日情敵和今日政敵。《史記》裡關於惠文后的結局有幾種記載：死在內亂之前（武王母號曰惠文后，先武王死），被誅殺（殺其太后及公子雍、公子壯；及惠文后皆不得良死），鬱憂而死（及壯誅而太后憂死）

按照歷史上政治鬥爭的殘酷性，以及史料的合理性來看，惠文后最有可能死於芈八子一黨的誅殺。

第三類宮鬥：有計謀的相鬥

這樣的方式有多樣：口蜜腹劍、勾結外臣、利用巫術，借刀殺人，冤獄陷害。

漢武帝表姊陳阿嬌作為中國歷史上第二個被廢的皇后，第一個因巫蠱罪被廢的皇后。她的巫蠱案可謂是後宮鬥爭失敗的一個典例，事泄後，漢武帝派出酷吏張湯來查案，女巫楚服被斬首於市，相關受牽連者被誅殺了三百餘人，可見巫蠱罪簡直是堪比謀反罪的驚天大案。漢武帝晚年的巫蠱之禍前期，就有一些沒記載姓名的武帝后宮美人之間相互嫉妒，找方士神巫為自己詛咒對手，甚至還誣告對方在詛咒漢武帝。結果漢武帝把妃嬪宮女大臣一千人等全都斬殺，共幾百人。（上怒，所殺後宮延及大臣，死者數百人。）

翻看史書，行巫蠱成功並沒有被追究的我印象中只有一起：高瑋的奶媽陸令萱詛咒胡皇后，成功讓胡皇后神志不清（旬朔之間，胡氏遂即精神恍惚，言笑無恒）。其他多位皇后妃嬪便是因行巫蠱被揭發（或是被誣告）而被廢被殺的，看來行巫蠱是一條相當危險的險招。自己不行巫蠱，通過監視來揭發其他人的巫蠱行為倒是一種非常有效的宮鬥手段。

漢章帝的竇皇后相當得寵（后寵幸殊特，專固後宮），可就是生不出兒子。當時後宮裡有兩對姊妹花：宋貴人兩姊妹、梁貴人兩姊妹，大宋貴人和小梁貴人都生有兒子。嫉妒的竇皇后就利用漢章帝對她的信任，屢屢陷害這四人。

皇太子劉慶之母是大宋貴人，竇皇后就先對宋家入手，讓自家兄弟去監視宋貴人的父親，讓宮女去監視宋貴人姊妹。有一回大宋貴人生病了，寫信回家尋求菟（一種寄生性雜草）來入藥治病，竇皇后就截獲這封信，誣陷大宋貴人是要用菟來作蠱道，漢章帝因此疏遠宋貴人母子。之後劉慶被廢為清河王，宋貴人姊妹被竇皇后派來的蔡倫（當時只是小黃門）嚴加拷問，逼得服毒自殺。小梁貴人所生的劉肇才四歲就被繼立為新太子，小梁貴人知道鬥不過竇皇后，便主動提及讓竇皇后撫養劉肇。但梁家人私下的抱怨還是給竇皇后聽到了，竇皇后發出匿名函件，誣告梁氏姊妹的父親梁竦謀反，梁竦在牢獄中被漢陽太守拷打致死，傷心欲絕的梁氏兩姊妹便鬱鬱而終。

劉肇十歲即位為漢和帝，才十三歲就誅殺了作亂的竇氏一族，但一直沒有處理撫養自己長大的竇太后。五年後，竇太后逝世，梁貴人姊妹的另一姊姊梁嫕上書陳述梁家的冤屈。但漢和帝仍頂住大臣壓力，不廢嫡母，還讓嫡母和漢章帝合葬。因為漢和帝自己早逝，一百多天大的兒子繼位後又夭折。當年廢太子劉慶的兒子劉祜得以繼任為漢安帝，漢安帝為自己的親祖母大宋貴人復仇，要重審當年的冤案，已經成了尚方令的蔡倫還是被迫服毒自殺。

楚懷王時期，魏王送進楚國後宮一個絕色美女，舊寵姬鄭袖見狀不但不嫉妒，還待魏姬特別好。等到魏姬對她信任如親姊後，鄭袖就展開了她的陷害。她告訴魏姬楚王不喜歡她的鼻子，於是魏姬見到楚王都要掩著鼻子。楚懷王不解來問鄭袖，鄭袖回答道：「她是在嫌大王體臭。」楚懷王在盛怒下命人把魏姬的鼻子割掉了。

袁術得到了一個國色水準的大美人馮氏，袁術後宮眾女人於是便一起「忠告」馮氏，稱袁術欣賞有節志的人，勸馮氏平時要多哭泣自己國破家亡的處境，以得到袁術的欣賞。後來，馮氏被眾婦絞殺，吊在廁所裡，袁術還絲毫不懷疑，以為馮氏真的是感懷自己國破家亡而自殺的。

韓國夫人武順的死，雖然武則天有很大嫌疑，然史書無載。但史書清楚記載了武則天如何一石三鳥，既把魏國夫人賀蘭氏毒殺，又把堂兄武惟良，武懷運陷害為下毒者一同殺害（后毒殺魏國，歸罪惟良等，盡殺之）。

霍成君的母親霍顯收買女醫淳于衍，在產房裡毒殺了漢宣帝的髮妻許平君。還做得相當隱蔽，以致於數年後，霍家的兒子們：霍山、霍雲、霍禹還一頭霧水，不知道漢宣帝為什麼不信任霍家，為什麼民間會有霍家毒殺許皇后的傳聞。

在壬寅宮變後，嘉靖帝被楊金英等十幾名宮女勒得重傷昏迷不能理政（時帝病悸不能言）。參與此事的王寧嬪將平素不睦的曹端妃也陷為同謀，這正中方皇后的下懷，因為她也嫉妒曹端妃的得寵。方皇后遂做主將曹端妃、王寧嬪和宮女們全部判處凌遲。

明仁宗朱高熾有一愛妃郭貴妃，是開國功臣郭英的孫女，在太子府時就服侍朱高熾。郭貴妃為仁宗生了三個兒子，可是仁宗一死，成了太后的張皇后就把郭貴妃選入五人殉葬名單裡，但於情於理，郭貴妃都不應該被選進去。另外四位殯葬妃嬪不是家世不高，就是無寵無子，其中安徽休寧農家女出身的黃充妃還是為了家族求榮華，自願向張太后請求殉葬的。其他後宮裡，無子的張敬妃因是勳舊之女（祖父是張玉，朱棣為燕王時候的大將）特恩免殉，生了皇次女的趙惠妃、生了兒子的李賢妃和張順妃也沒有出現在殉葬名單上。郭貴妃明顯在家世上和生育情況上都超於張敬妃等人，卻慘遭殯葬，不由令人懷疑此時手握大權的張太后是在公報私仇。

漢元帝的皇后是王政君，兩寵妃是昭儀傅氏和昭儀馮媛。但是在某次後宮集體觀鬥獸活動中，圈裡的熊意外爬出來，馮媛義無反顧為皇帝擋熊，而傅氏早就花容失色跳之夭夭了。馮媛因此獲得元帝加倍敬重，羞愧的傅氏便深深記恨了馮氏。三十一年後，傅氏因為孫子繼皇位而成為太皇太后，相當驕橫，傅太后敢對王政君直稱老太婆，但傅太后還無法向王政君下手。馮媛就遭了傅太后的毒手，被誣行巫祝，馮氏家族被嚴刑虐死數十人，就算馮媛自殺了，馮氏家族仍被流放，下場極慘。

孫權的寵妃潘夫人，是一個極陰險嫉妒的女人，不但惡意誣陷傷害袁夫人等其他後宮，還百般虐待身邊的宮女，怨聲載道。步夫人因為群臣不同意沒能立成皇后，徐夫人因為不夠得寵孫權沒考慮，袁夫人因為無子拒絕當皇后，繼而皇后之位就為潘夫人所得，潘夫人在孫權病重就暴露了自己想當呂后的野心，宮女們怕她太后專權會更殘暴，乾脆一起縊殺了她。可以想像，若潘氏真當上太后，袁夫人等孫權往日寵妃就會有戚夫人田聖袁紹寵妾等人的下場。

萬曆帝最寵的妃子為鄭貴妃，其次為李敬妃（在李敬妃死後，萬曆帝不但追封她為皇貴妃，還直接想讓她陪葬自己地宮的右側，即僅次於王皇后的位置，但由於大臣反對而不成）。所以在鄭貴妃的眼中，不受寵的王皇后和王恭妃都不是威脅，唯獨生育了兩個兒子的李敬妃是威脅。李敬妃在生育第二個兒子朱常瀛時得了產疾，鄭貴妃手下太監張明出面醫治，結果李敬妃產後十一天就死了。當時就有張明受鄭貴妃指使毒殺李敬妃的說法（彼時積言有如淳如衍之事），二十三年後明光宗朱常洛死於「紅丸案」，也出現了鄭貴妃手下太監崔文升的身影。更讓人懷疑當年的李敬妃之死不簡單。

《南唐書》記載：大周后當年病重之時，驚見妹妹已在宮中，問她來宮中幾日。小周后回答已經來了好幾天了，大周后馬上明白妹妹和丈夫已經通姦了，氣得面壁而臥，至死不回頭看小周后一眼。史書所粉飾的是「小周后尚幼，未知嫌疑」，即小周后年少不懂事，無意中洩露祕密。但看到後來小周后整治李煜後宮的厲害手段：除了舍於自保的黃保儀（而黃氏獨不遭譴，以其事之盡也），後宮的妃嬪多被她趕走（故同時美女，率多遇害）。不由懷疑小周后當年真的是毫無心機嗎？不知道自己的話會讓姊姊病情加劇直至死亡麼？真是細思恐極。

第四類宮鬥：政治鬥爭的延伸

多數時候，宮鬥不僅僅是女人間爭個寵那麼簡單，而是政治上的鬥爭的一種。參與進來的人何止妃嬪本人？宦官、外臣、長公主、皇帝奶媽都有可能是宮鬥的主角。

有的宮鬥還比較特別，完全已經不是后妃間的相鬥了，而是后妃與協力廠商勢力在鬥。比如明熹宗後宮眾后妃被魏忠賢和客氏迫害。

宋仁宗時期，第一任皇后郭氏與宮人尚氏、楊氏爭寵。有一回尚氏向宋仁宗訴說郭皇后的不是，恰逢郭皇后趕來，二人爭執起來。郭皇后不勝憤怒，舉手搧向尚氏，宋仁宗見狀，急忙上前救尚氏。郭皇后收勢不住，剛好打在宋仁宗的頸部，宋仁宗頓時龍顏大怒，要廢郭皇后。後來在宰相呂夷簡（郭皇后得罪過他）和宦官閻文應的推動下，郭氏被廢掉。

北齊高瑋朝，昭儀穆黃花勾結高緯的奶媽陸令萱，先是利用巫術詛咒胡皇后，讓胡皇后神志不清漸漸失寵（旬朔之間，胡氏遂即精神恍惚，言笑無恒）。然後又在胡太后面前陷害胡皇后，稱胡皇后非議過胡太后的私生活，讓胡太后大怒趕走胡皇后（立剃其發，送還　家）。最後穆昭儀成功升至皇后。

漢靈帝的第一任皇后宋氏，因為無寵卻能當皇后，所以受到漢靈帝眾後宮的嫉妒，合起來一同誣陷和詆毀宋皇后。中常侍王甫枉殺勃海王劉悝和及其妃子宋氏，宋氏是宋皇后的姑母，王甫因此恐懼宋皇后會怨恨他，便與太中大夫程阿一起編造謊言陷害宋皇后，說宋皇后用巫蠱的辦法詛咒別人，漢靈帝便相信了，廢除了宋皇后，宋氏在冷宮裡憂鬱而死。她的父親宋酆和兄弟都受到牽連，下獄被誅殺。

漢景帝的長子生母栗姬，因為在聯姻一事上得罪了館陶公主，於是乎館陶公主聯合了劉徹的生母王夫人，一同陷害栗姬，不但讓栗姬失去了將要到手的皇后寶座，還把兒子的太子位也丟了。栗姬最後鬱鬱而終（栗姬愈恚恨，不得見，以憂死）。

孫權長女孫魯班，步夫人所生，也是個極狠毒的角色。她不喜歡父親的另一夫人王夫人（太子孫和之母），就連續陷害這兩母子，稱孫和與太子妃家人謀劃，稱王夫人一見孫權病重就高興（又言王夫人見上寢疾，有喜色）。讓孫權誤解兩人，廢除孫和太子位，王夫人也憂鬱而死。

清太祖努爾哈赤有兩個侍女德因澤、阿濟根，突然告發了大福晉阿巴亥（多爾袞生母）與努爾哈赤二子代善之間有曖昧關係，兩人因此由侍女晉升為小福晉。阿巴亥和代善因為此醜聞都受到打擊，但是阿巴亥畢竟相當得寵，不久後還是被努爾哈赤原諒。但數年後努爾哈赤去世，阿巴亥被逼殉葬時，德因澤、阿濟根竟然也一同被殉葬。身分卑微的侍女竟敢告發大福晉和皇子，之後又被迫殉葬，不由讓人聯想這是一起政治陰謀。指使人應該是最大利益者皇太極。

明熹宗時期，雖然張皇后張裕妃等後宮都被魏忠賢客氏所迫害，但有一位任容妃則非常安全。因為她本身就是魏忠賢的侄外孫女（一說為義女）。張皇后生的皇長子朱慈燃由於被客氏派人暗害，一生下來就是死胎（竟損元子）。範慧妃生的皇二子朱慈煒，也生下來不久就神祕地死了。唯獨就是任容妃生下來的皇三子朱慈炅健康地生下來並成長，如果沒有意外，這個帶著魏家血統的孩子就會成為新一代皇帝，魏忠賢就可以繼續操縱明朝大權。不過人算不如天算，天啟六年五月初六，北京城發生了神祕的王恭廠大爆炸，皇宮裡多名太監被殿上掉下來的木檻、鴛瓦砸死，已經七個月的朱慈炅受驚而亡，徹底斷送了魏忠賢的美夢。

明憲宗繼位後，先帝明英宗的周貴妃仍不忘與錢皇后相爭，先是指使太監夏時，傳諭獨尊她一人為皇太后。但在大學士李賢、彭時力爭之下，還是兩宮並尊，兩人都升為皇太后。憲宗的原配皇后吳氏，杖打了憲宗極寵愛的萬氏（此時只是侍長），憲宗怒而廢後。錢太后站在理性的角度勸阻庶子，但周太后偏偏唱反調支持兒子廢后。這樣一來，錢太后同時得罪了明憲宗和萬氏（實際上的皇后），周太后挑撥成功。錢皇后從此不得庶子尊重，錢氏族人得到的待遇也遠不如周氏族人。

陳叔寶的皇后沈婺華出身高貴，是陳朝長公主女兒。她性情端靜為人正直，不受陳叔寶喜愛。荒淫無度的陳叔寶只喜歡張麗華、孔貴嬪這樣的妖媚女子，孔貴嬪和張麗華結成同盟一起詆毀沈皇后的養子太子陳胤，孔貴嬪的義兄佞臣孔範也積極在朝廷中與她們裡應外合一起攻擊太子陳胤（而張、孔二貴妃又日夜構成後及太子之短，孔範之徒又於外合成其事）。太子陳胤終於被廢，改立張麗華的長子陳深。陳叔寶還想廢沈立張，因為隋滅陳之戰而不成。隋軍滅陳後，高熲斬殺張麗華，沈婺華和陳叔寶一同被俘。隋煬帝相當尊敬沈婺華，對其多加禮遇。

萬曆帝時期的一大政治事件就是國本之爭，不得寵的皇后王喜姐選擇站隊同樣不得寵的王恭妃（朱常洛生母），共同抵抗鄭貴妃（朱常洵生母）。於是後人總把王喜姐看成是正義的化身，保護朱常洛的好人（光宗在東宮，危疑者數矣，調護備至），國本之爭是正邪之爭。但根據宦官劉若愚編寫的《酌中志》記載，「賢后」王喜姐有虐待身邊宮女太監的惡行（多罹捶楚，死者不下百餘人），反而是「奸妃」鄭貴妃待周圍的太監很厚道（惟皇貴妃鄭娘娘近侍各於善衙門帶俸）。看來，王喜姐也不是良善之輩，結合她侍奉婆婆李太后（事孝定太后得其歡心）以穩固位置的舉動好，保護王恭妃母子不過是類似於三國時期孫劉聯合抗曹而已。

宋神宗的後宮裡，第一號女主人是向皇后，第二號女主人是朱德妃（邢貴妃張淑妃等妃嬪不過是神宗死後才被追封的，生前只是嬪位）。婆婆高太后只喜歡向皇后，處處壓制太子趙煦生母朱德妃。宋神宗死後，趙煦繼位，即宋哲宗。成了太妃的朱氏護送神宗靈柩去鞏縣永裕陵，前宰相韓絳親自去永安郊外迎接。回宮後，朱太妃估計是為了稱讚韓絳的知禮向婆婆高太皇太后提起此事（偶為宣仁太后言），結果被高太皇太后斥責她不配受先朝宰相的大禮，嚇得朱太妃哭著道歉。

向太后看似不像婆婆高滔滔那樣待朱氏刻薄，但宋哲宗才二十五歲就病重將逝，又沒有活著的兒子。向太后朱太妃兩宮的矛盾升級，朱太妃在兒子病榻前要求他傳位於同母弟趙似，引起向太后的極大不滿。於是哲宗一病逝向太后就因私心選定了宰相章惇所強烈反對的端王趙佶（生母陳美人，已逝），還把已死多年的宋神宗搬出來當藉口：「先帝嘗言：端王有福壽，且仁孝，當立。」其實宋神宗死時趙佶才三歲，生母品級只是美人，宋神宗怎麼看得出趙佶有福相？

趙佶繼位為宋徽宗後，名義上對朱太妃禮遇（奉禮尤謹），但兩年後向太后朱太妃相繼去世。宋徽宗就開始對爭過皇位的趙似展開報復，掀起一場蔡王府獄案。有人指控趙似的蔡王府中一小史鄧鐸有叛逆言論（言涉指斥），宋徽宗將鄧鐸打入大牢，但左司諫江公望上疏勸宋徽宗不要兄弟相殘，不要懷疑趙似。但江公望被解職，鄧鐸也被處死。大臣劉正夫繼續為趙似求情，援引西漢文帝和舉淮南王兄弟相殘一事，正史上的記載是宋徽宗被感動了，與趙似和好如初（帝感動，解散其獄，待蔡王如初）。但五年後趙似就去世，年僅二十六歲，甚為可疑。

趙武靈王的原配王后是韓國的公主，嫡子趙章也被立為太子。可趙武靈王去遊大陵，晚上做了一個夢，夢到一個美麗的少女正在鼓琴而歌。他就對這位夢中少女戀戀不忘，向大臣們講了自己的夢，並描繪了這個少女的長相。吳廣覺得自己的女兒孟姚符合趙武靈王的描述，就送女兒入宮，趙武靈王非常寵愛孟姚，趙國人稱孟姚為吳娃。

吳娃受寵之後，成日在趙武靈王面前詆毀王后和太子，趙武靈王聽多了，乾脆將王后和太子都廢掉，將吳娃立為新王后。吳娃後來生下趙何，即日後的趙惠文王。

唐文宗後宮有兩位高級妃子：王德妃和楊賢妃。王德妃是太子李永的母親，楊賢妃無子。按照唐朝貴淑德賢的後宮制度，王德妃位份是高於楊賢妃的，可她的寵愛程度不及楊賢妃。楊賢妃在唐文宗面前詆毀王德妃，已失寵的王德妃最終死去（為楊賢妃所譖而死）。

太子李永也沒出息，喜好游宴玩樂，還親近小人。楊賢妃更是不失時機地詆毀李永，坊工劉楚才、禁中女倡等人都從旁附合。唐文宗因此對李永非常不滿，欲廢掉他的太子位，但群臣反對。唐文宗只有採取折中辦法：殺掉李永旁邊的小人們，又把李永安排在少陽院，讓老師們來監督他。不過，在這一年裡，李永也神祕地暴薨了。

唐文宗又後悔了，覺得自己不應該對兒子過於無情，於是將劉楚才等人都殺掉，但沒有處理楊賢妃。唐文宗過世後，楊賢妃還是因為捲入了皇位繼承鬥爭裡，被賜自殺。

十六國時期前趙的君主劉聰，非常寵愛著他的左貴嬪劉英和右貴嬪劉娥。但是母親張太后卻安排了他的表妹張徽光、張麗光入宮為貴人。劉聰的原配皇后呼延氏去世後，劉聰要讓劉英成為新皇后，可是張太后要讓張徽光做新皇后，母子互不相讓。

這時，劉英卻不明不白地死了（英尋卒）。沒辦法，劉聰只得將表妹張徽光封為皇后。第二年，張太后因病過世。史載張徽光因為姑姑的過世悲痛過度而逝（張后不勝哀，丁醜，亦卒），劉聰便將劉英的妹妹劉娥再封為新皇后。雖然史書未明載，但劉英之死和張徽光之死都相當可疑。

十六國時期，甘肅寧夏陝西一帶有南涼、西秦兩個政權。南涼國王禿髮傉檀是後來的西秦國王乞伏熾磐的岳父。

兩者的翁婿關係是這樣建立的：岳父禿髮傉檀最開始不是國王，只是南涼國的王叔。女婿乞伏熾磐也不是國王，只是王子，還是亡國王子。乞伏熾磐的父王沒有保住江山，西秦國曾經被姚興領導的後秦所亡國。乞伏熾磐的父王帶著妻兒和騎兵逃往南涼，他把兒子乞伏熾磐作為人質交給南涼國。南涼當時的國王就把自己的侄女，禿髮傉檀的女兒禿髮氏嫁給了乞伏熾磐。後來乞伏熾磐的父王又逃出南涼國。

乞伏熾磐也無心在南涼國安度餘生，成婚後的第三年，他就逃離了南涼國，但被捉回。南涼國王大怒，還是岳父禿髮傉檀出面保全自己的女婿。後來南涼國王去世，把王位傳給了有能力的弟弟禿髮傉檀，乞伏熾磐成了貨真價實的駙馬爺。但乞伏熾磐又一次逃往西秦舊地，寬容的新國王禿髮傉檀乾脆把女兒禿髮氏也送往西秦舊地與乞伏熾磐團聚。

等到乞伏熾磐的父王複國，乞伏熾磐也重新成為太子，日後繼承了王位。他卻以怨報德，發兵滅掉了岳父的南涼國，俘虜了岳父岳母一大家子。他將岳父另一個美貌的女兒也選入宮中，封為左夫人。一開始，乞伏熾磐還是禮遇岳父，封他做驃騎大將軍，但後來還是將岳父祕密毒殺，以絕後患。

禿髮氏由本國的公主變成敵國的王后，她不忘國仇家恨，在丈夫身邊密謀著為父報仇。她與哥哥禿髮虎台祕密準備了八年，卻在發動政變的前夕被妹妹左夫人禿髮氏出賣。乞伏熾磐一舉將禿髮氏兄妹及同黨全部處死，但沒有因功將左夫人禿髮氏升為王后。

這位出賣親人的左夫人禿髮氏日後受到了懲罰。乞伏熾磐死後，乞伏熾磐的一個兒子乞伏暮末繼位，與她們禿髮家無血緣關係。左夫人禿髮氏與乞伏熾磐的另一個兒子乞伏軻殊羅通姦，新國王乞伏暮末發現這一醜事，責　了不知自愛的弟弟和庶母。左夫人禿髮氏和乞伏軻殊羅擔心日後會被殺掉，就乾脆準備暗殺乞伏暮末。事情敗露後，乞伏暮末原諒了弟弟，但處死了庶母。

番外篇：國外的宮門

日本篇：

大正天皇（一八七九年－一九二六年），父親為著名的明治天皇，母親為正二位典待柳原愛子。大正天皇在六個兄弟裡唯一活到成年，除了生母以外，大正還有一個嫡母四個庶母。他在未出世之間就遭到了後宮的暗害，生母剛一懷孕，就有人在皇宮地板上抹了一層桐油，想讓她滑倒流產。在宮城的紅葉山上還發現了詛咒她和孩子的紙人、草人。在大正出生前夜，還有人在她的住處放了一盆水，裡面有一個泡得鼓鼓脹脹的袋子，裡面全是黃豆，意思是詛咒她腹中的嬰兒難產，像袋子中的黃豆一樣永遠不能出來。大正天皇之後成了日本第一個一夫一妻制的天皇，或許也有童年陰影的原因。

雖然二十世紀以來的日本皇室都是一夫一妻制，但是宮中所在著一個寵大的女官群體，她們中不少人門第高貴，宮廷資歷長，屢次欺壓正式的女主人。明仁皇后美智子被她們橫加挑剔，冷嘲熱諷，在陪同明仁出現在公眾場合時，多問了幾句，便會遭到「目下沒有殿下，太愛管閒事」的批評。在陪同良子皇后聽進講時，有時問得過細了一點，皇后的女官長保科就會過來提醒：「在皇后面前，少充內行」。類似的事情可以說不勝枚舉。美智子還一度氣病，離開皇宮靜養了八個月。

新一代的女主人皇太子妃雅子進宮之後也被欺負，在自己的訂婚典禮上，她因為發言比德仁長了七秒鐘就被女官們斥為「失禮」。這位哈佛才女的個性完全被泯滅，雅子因故放棄長笛的學習後，從皇室到民眾傳來各種閒言碎語。眾目睽睽之下，雅子即使累了也不能隨便在床上躺一會兒；即使和丈夫在客廳小坐，侍從和女官們也可以為了公事隨便出入左右。她甚至在結婚九年後，也就是生了一個女兒之後，才第一次獲准回到自己的娘家。

朝鮮篇：

朝鮮成宗的第一繼妃為尹氏，容姿美麗但極為善妒，時常隨身攜帶砒霜，意圖殺害成宗寵幸的嬪御、宮人，且與婆婆仁粹大妃不和，她的兒子就是殘暴的燕山君（《大長今》裡殺死長今父親的那個暴君）。在後宮裡，她主要與得寵的嚴淑儀、鄭淑容相鬥。

一四七七年三月，有人送諺文書信、砒礵及巫蠱文書至成宗庶母權淑儀的私宅，書信上寫著嚴淑儀與鄭淑容意圖謀害王妃尹氏與元子（即燕山君）一事，原本要嚴刑拷問嚴淑儀與鄭淑容，但因鄭氏懷孕而暫緩執行。不過女官奉保夫人卻在王妃尹氏的中宮寢室旁發覺一個鼠洞，有紙片塞在鼠洞，經檢查與那份巫蠱文書顏色相同，其剪裁參差之處也吻合，最終暴露了尹王妃其實是在自導自演。成宗大怒，欲降封尹氏為嬪，但在任士洪等大臣的相勸下打消念頭。

一四七九年，因尹氏生辰時成宗到某位後宮的處所，尹氏竟衝入處所與成宗起了極大的衝突並抓傷成宗的臉，這是被視為大逆之罪，隔天尹氏被廢為庶人。一四八二年，成宗擔心自己死後，尹氏憑藉新王生母的身分專權，於是賜死尹氏，尹氏的母親、兄弟亦被成宗下令流放。賜死廢妃的過程中婆婆仁粹大妃積極推動。

她的兒子燕山君從小就性格粗暴且厭惡讀書，繼位後在一五〇四年為「無辜枉死」的生母復仇。聽信外戚任士洪讒言，追捕當年與生母尹氏的案件相關人士並加以殺害。兩個庶母嚴氏和鄭氏被殘忍虐死，兩人的家人即使是八十歲老父也被處斬。燕山君對於病重在床的祖母仁粹大妃也興師問罪，言語不遜，使其一病不起，月餘就含恨而終。

朝鮮仁祖四十歲（一六三五年）時逝了原配王妃仁烈王后，四十三歲時（一六三八年）娶了十四歲的新王妃莊烈王后趙氏。在此之前仁祖另寵幸了一位同樣姓趙的宮女，趙宮女為後宮第一寵妃，陸續被封為淑媛、昭容、昭儀，直至正一品貴人，僅次於莊烈王后。趙貴人個性非常陰險，不但敢與眾後宮相鬥（時，中殿及張淑儀皆無寵，而昭儀愈益見幸，性且陰巧，所與相忤者，輒被構陷，宮中之人無不畏之），還屢屢陷害老皇帝的兒子兒媳們。

一六四三年莊烈王后突患重病導致輕微中風，仁祖迷信中風會傳染，因而下令將莊烈王后遷往慶德宮養病，卻沒有一次前往探視。同年尚宮李貞敏四月與趙貴人爭寵，李尚宮被指控詛咒趙貴人，七月賜死，有說法這就是趙貴人自導自演的（而或言趙氏實自詛呪，以爲陷李之地云），賜死李尚宮的過程甚至違反了當時的法律程序，引起巨大反響（而貞敏等賜死之命，直下內需司，移牒禁府施行，聞者無不駭歎）。

一六四五年，與趙貴人有親戚關係的醫官李馨益針灸治療仁祖的嫡長子世子李（生僻字，字形為：三點水＋山主）後，世子三日內就暴亡（舉體盡黑，七竅皆出鮮血）。仁祖不但未追究責任，還下令趕緊處理屍體，史家後來分析趙貴人可能不是主謀，主謀就是仁祖本人（父子在政見上有極大矛盾）。一六四六年，昭顯（謚號）世子的遺孀世子嬪姜氏被指控在公公仁祖食用的鮑魚裡下毒（至是，上進生鰒炙有毒，遂疑姜嬪，乃下其宮人及禦廚內人，按問之）。姜嬪四月份被賜死，朝鮮當時的輿論也認為陷害她的人就是當時為淑儀的趙貴人（故中外民心不厭，皆歸罪趙淑儀）。

仁祖的二兒子李淏（後來的孝宗）接替成為新的王世子，李淏對比自己還小五歲的繼母莊烈王后克盡孝道，天天去慶德宮看顧繼母。此時的繼母子兩人都是趙貴人的眼中釘，趙貴人同權臣金自點勾結，在昌德宮和昌慶宮中埋下幼兒骨頭和從墓地挖來的樹（頭骨之有白齒者，骨屑之有臊臭者，密封暗投，使之或散或埋於慈殿及大殿；古　槨片覓納），想詛死這這兩人，把王后和王世子的位置騰給自己和自己的兒子。

除了詛咒以外，趙貴人還想複製「毒鮑魚」事件來陷害李淏。趁著李淏給仁祖送魚湯的時候，把銀籤子插到魚湯裡，驚訝地告訴仁祖銀籤子一遇魚湯就變色（暗示有毒）。這時，女官尹尚宮上前解釋到，滾燙的魚湯一碰到銀，銀都會變色的，並建議仁祖拿其他魚來做實驗，李淏這才免遇嫂子姜氏當年的禍事（仁廟　令試之，果然。於是仁廟覺悟，東宮得無事）。

一六四九年，仁祖去世，李淏繼位為孝宗。按照規定，已經是太妃的趙貴人出宮回私宅居住，不過她還是不消停，繼續想辦法詛咒（出閤之後，多行妖怪之事，汲取井水，親自禱祝，多覓凶物，封櫝持入）。一六五一年陰謀曝光，趙貴人被廢位賜死，兩個兒子崇善君和樂善君被削去官爵。後來孝宗對昌德宮和昌慶宮展開了修理工程，重換泥土，重鋪殿磚，工人們不斷挖出廢貴人趙氏埋的兇惡污穢之物，使得孝宗很長時間都不願再居住於此。

朝鮮高宗李熙的王妃（後被追封為明成皇后）閔茲映（另一種譯法是閔慈英），雖為望族驪興閔氏成員，但家境十分清寒。因為李熙就是她遠房堂姐的兒子，所以在一八六七年被公公興宣大院君李罡應選中作王妃（此時高宗十五歲，閔妃十六歲）。但高宗不知道怎麼的卻寵愛一個已經二十四歲的大齡尚宮李順娥，把年齡更合適的小妻子丟在一邊冷落。一八六八年李順娥就生了兒子李墡，被封為淑媛。閔妃隱忍下來，在宮殿裡用閱讀書籍充實自己，讀的都是《春秋左氏傳》等經典，使自身的文化修養與政治謀略在這三年裡得到充分地提高。等到三年之後，高宗對李順娥沒有那麼迷戀了，閔妃多讀書所培養的智慧和氣質終於吸引到了高宗，兩人終於開始了恩愛的生活（王年稍長，思親政，王后頗通書史，饒智略，善伺王意，王甚寵之）。

可是閔妃雖然得到了丈夫的寵愛，可是她有一個致命缺陷——生育能力極差。閔妃一八七一年生下長子，沒有肛門，四天後就死了（以大便不通之證，不幸産室廳撤罷）。一八七三年生下長女，長到七個月也就夭折了。一八七五年生的三子，一八七八年生的四子都沒活過周歲。其間閔妃還有過流產，閔妃只有一八七四年生下來的次子李坧（後來的純宗）活下來了。但在一八七三年時公公大院君就已經不信任閔妃有生育能力，企圖把李順娥生的庶長子李墡立為世子。擁有政治才幹的閔妃聯合閔家勢力和其他反對大院君的勢力，發動兵變把大院君趕出京城。然後再耗費巨金多方運作，讓本族兄弟擔任朝鮮外交官，去賄賂清朝的李鴻章等人，終於把未滿周歲的李坧立為世子。李順娥與李墡就被閔妃借著祖制趕出皇宮（非世子的王子得居住在宮外），一八八〇年時才十三歲的李墡突然暴死，外傳就是閔妃下的毒手（外間盛傳明成后倒植鮓甕，一云砧杵撞殺之）。李順娥在悲痛中成了啞巴，孤寂地活到七十一歲，一九一四年才去世。

閔妃後來掌握了實權，所以處理起其他情敵則心狠手辣得多。比如高宗在一八七七年前寵幸的宮人張氏，張尚宮生下了庶次子李堈，由於李堈後來生育了很多孩子，而高宗的其他兒子孫子都無後而終，今天韓國現存的高宗後代（包括「女皇」李海瑗）全都帶著張尚宮的血脈。但當年的史料傳聞等都記載閔妃手段殘忍地迫害張尚宮，張尚宮剛一生完孩子就被閔妃派人重傷，趕出宮去（剜陰溝兩傍肉，舁出於外）。張尚宮住進哥哥的家裡，忍辱偷生十餘年，還是突然暴死。一八九五年時甚至在朝鮮城鄉廣泛流傳諺文小說《張嬪錄》，講述張氏被閔妃迫害致死的悲慘一生。日本駐朝公使井上馨還寫了報告向日本政府報告此事。

一八八五年，高宗又臨幸了閔妃的侍衛尚宮嚴尚宮，閔妃盛怒下要殺死嚴尚宮，高宗苦求才得免（後大恚，欲殺之，上懇乞獲免），嚴氏又被趕出宮。一八九五年，宮中發生乙未事變，閔妃被日本浪人殺死。事變發生後五天，高宗就把已經四十一歲的嚴尚宮接回宮裡，這遭到朝鮮國民的不滿（距變後甫五日也，上之無心肝，都民皆恨之）。嚴尚宮幫助高宗和世子李坧從景福宮逃往俄國公使館避難，當時受到好評。但貧寒家境出身造成她的眼光和素質低下，嚴尚宮此後執掌後宮就作出了一系列無知之舉，已經升為皇貴妃還不滿足，掀起「嚴妃升后運動」，想成為高宗的繼後，弄得政壇雞犬不寧，還任用嚴家外戚干政，對外還採取親日態度。嚴氏在韓國史學界評價很低。

細細看來，不論是中國還是國外，古代宮廷裡的生活都不是像電視劇那樣悠閒自得，即便是電視劇裡所展現出來的宮鬥現場，也只是冰山一角了……

人文 21

古人原來這樣過日子2

腦洞超開的40則中國歷史冷知識

從蹲坑必備品到防偽標識、從社畜打卡到後宮大型遊戲……學校沒教的古人日常大搜密

作　　者　古人很潮
責任編輯　陳淑怡

版　　權　吳玲緯
行　　銷　何維民　吳宇軒　陳欣岑　林欣平
業　　務　李再星　陳紫晴　陳美燕　葉晉源
副總編輯　林秀梅
編輯總監　劉麗真
總 經 理　陳逸瑛
發 行 人　涂玉雲

出　　版　麥田出版
104台北市民生東路二段141號5樓
電話：(886)2-2500-7696　傳真：(886)2-2500-1967
發　　行　英屬蓋曼群島商家庭傳媒股份有限公司城邦分公司
104台北市民生東路二段141號11樓
書虫客服服務專線：(886)2-2500-7718、2500-7719
24小時傳真服務：(886)2-2500-1990、2500-1991
服務時間：週一至週五09:30-12:00・13:30-17:00
郵撥帳號：19863813　戶名：書虫股份有限公司
讀者服務信箱E-mail：service@readingclub.com.tw
麥田部落格：http://ryefield.pixnet.net/blog
麥田出版Facebook：https://www.facebook.com/RyeField.Cite/

香港發行所　城邦（香港）出版集團有限公司
香港灣仔駱克道193號東超商業中心1樓
電話：(852) 2508-6231　傳真：(852) 2578-9337

馬新發行所　城邦（馬新）出版集團【Cite(M) Sdn. Bhd.】
41-3, Jalan Radin Anum, Bandar Baru Sri Petaling,
57000 Kuala Lumpur, Malaysia.
電話：(603)9056-3833
傳真：(603)9057-6622
E-mail：cite@cite.com.my

印　　刷　前進彩藝有限公司
電腦排版　宸遠彩藝有限公司
書封設計　倪龐德

初版一刷　2021年6月

定　　價　320元
I S B N　978-986-344-883-9
9786263100305 (EPUB)

城邦讀書花園
www.cite.com.tw

國家圖書館出版品預行編目資料

古人原來這樣過日子2：腦洞超開的40則中國歷史冷知識/ 古人很潮著. – 初版. -- 臺北市：麥田出版：家庭傳媒城邦分公司發行, 2021.6
面；　公分. --（人文；21）
ISBN 978-986-344-883-9（平裝）

610.9　　110000621